YOU DI FANGSHI

碧　著

有的放矢

《孙子兵法》

与领导者战略思维

中国言实出版社

图书在版编目（CIP）数据

有的放矢：《孙子兵法》与领导者战略思维 / 金庭
碧著 . -- 北京：中国言实出版社，2020.6
　ISBN 978-7-5171-3495-4

　Ⅰ . ①有… Ⅱ . ①金… Ⅲ . ①《孙子兵法》—应用—
领导学—研究 Ⅳ . ① C933

　中国版本图书馆 CIP 数据核字（2020）第 107126 号

责任编辑　张　丽
责任校对　崔文婷

出版发行　中国言实出版社
　　　　　　地　　址：北京市朝阳区北苑路 180 号加利大厦 5 号楼 105 室
　　　　　　邮　　编：100101
　　　　　　编辑部：北京市海淀区花园路 6 号院 B 座 6 层
　　　　　　邮　　编：100088
　　　　　　电　　话：64924853（总编室）　　64924716（发行部）
　　　　　　网　　址：www.zgyscbs.cn
　　　　　　E-mail：zgyscbs@263.net
经　　销　新华书店
印　　刷　北京温林源印刷有限公司
版　　次　2020 年 7 月第 1 版　　2020 年 7 月第 1 次印刷
规　　格　710 毫米 ×1000 毫米　1/16　14.5 印张
字　　数　210 千字
定　　价　46.00 元　　ISBN 978-7-5171-3495-4

谨以此书献给我亲爱的家人。

合于利而动，不合于利而止。

——孙武

荐序（一）

中共长沙市委党校金庭碧著《有的放矢——〈孙子兵法〉与领导者战略思维》一书，选题意义重大，论述系统深刻，富于理论创见，是一部具有重要学术价值和应用价值的研究成果。

学术价值有二。

其一，本书系统阐述了《孙子兵法》的战略思维观遗产。《孙子兵法》是一部兵学圣典，其中蕴含的战略思想与战略智慧，至今仍然闪耀着光辉，为在战略研究、战略实践道路上的艰难跋涉者点亮了一盏明灯。尽管有些战略思想与战略智慧随着实践发展可能会失去意义，但其背后隐藏的战略思维，却依旧为人们源源不断地提供着丰富的营养。作者从战略思维的主体观、客体观、目标观、方法观、能力观、境界观和品质观七个方面梳理《孙子兵法》的战略思维观遗产，具有学术价值。

其二，本书初步构建了领导者战略思维理论体系。作者分析领导者在战略思维方面存在的问题以及问题产生的原因和认识论根源后，运用《孙子兵法》的战略思维观遗产，从原则、目标、方法、能力、境界和品质六个方面，原创性地构建了一套思维理论体系。这一成果，不仅体现了强烈的问题导向，而且具有较强的针对性和应用性。

应用价值有三。

其一，有利于传承和弘扬中国优秀传统文化。习近平总书记指出："中华传统文化源远流长、博大精深，中华民族形成和发展过程中产生的各种思想文化，记载了中华民族在长期奋斗中开展的精神活动、进行的理性思维、创造的文化成果，反映了中华民族的精神追求，其中最核心的内容已经成为中华民族最基本的文化基因。"众所周知,《孙子兵法》是兵学圣典,内含"知彼知己,百战不殆""先为不可胜,以待敌之可胜""合于利而动,不合于利而止""进不求名,退不避罪""不战而屈人之兵"等重要思想。本书所总结的《孙子兵法》战略思维观,所蕴含的思想观念、人文精神、道德规范、审美境界、人格情操、思维方式,不仅成为中华民族精神符号的代表,同时也能给世界其他国家和民族提供启迪,对解决人类社会发展问题、构建人类命运共同体,具有重要的文化价值,也是能够穿越历史时空的文化精神力量。

其二,有利于普及战略思维认识。战略思维是一种高级而复杂的精神活动,是重要的思维形式。长期以来,很多人认为,居庙堂之高者才需要战略思维,处江湖之远者则不需要战略思维。战略思维对大众而言,可以说遥不可及。甚至很多领导者认为,战略思维仅仅是高层的事,其他人完全不用操心。其实,这是对战略思维的极度误解。战略思维不仅是一种思维形式,更是一种思维意识。无论身居高位还是身居基层,无论居庙堂之高抑或处江湖之远,但凡欲有所作为或有所进步者,都需要战略思维。只有具备战略思维,才能着眼全局,立足长远;只有具备战略思维,才能仰望星空,脚踏实地;只有具备战略思维,才能胸襟坦荡,洒脱自如。俗话讲,既要拉车,更要看路。拉车需要实干,看路则需要战略思维。本书有益于读者认识和理解战略思维。

其三,有利于提升领导者战略思维能力。很多领导者缺失从长远和全局思考问题、谋划问题的能力和自觉。实践中,往往出现只见树木不见森林,只顾眼前不顾长远,只顾局部不顾全局,重视短期效益忽视久久为功、重利轻义等问题。出现问题的原因是什么呢?可能根本就没有战略思维意识,可能知道战略思维,且想具备战略思维意识,但苦于不知道如何增强战略思维意识、提高战略思维能力。本书借鉴《孙子兵法》的战略思维观遗产构建的战略思维理论体系,可供有志于提高战略思维能力的领导者参阅。

领导者并不限于政府工作人员，而且包括企业、事业等从事领导工作的同志。尽管行业不同、专业有别，但在增强战略思维、保持战略定力、提高战略预见力和进行科学战略决策等要求上，却是相通的。我认为，《有的放矢——〈孙子兵法〉与领导者战略思维》一书，是一本学术性、适用性与可读性有机结合的研究成果。特荐此书，与君分享。

中共湖南省委党校副校长、国家二级教授、

国务院政府特殊津贴专家　吴传毅

2020 年 3 月 4 日

荐序（二）

今日之世界，面临百年未有之大变局。今日之中国，发展仍处于重要战略机遇期，前景十分光明，挑战十分严峻。今日之中国共产党，面对着十分复杂的国内外环境，肩负着繁重的执政使命。如果缺乏科学思维的有力支撑，就难以战胜各种风险和挑战，难以促进事业的发展和进步。

习近平总书记 2019 年 1 月 21 日在省部级主要领导干部研讨班开班式上的讲话中强调，领导干部要提高战略思维、历史思维、辩证思维、创新思维和底线思维能力。战略思维位居这五种思维之首，可见，情势之紧迫、意义之重大。各行各业领导者，都应增强战略思维。

如何增强战略思维？如何把握战略思维规律？如何提高战略思维能力？在直接实践中摸索规律提高能力无疑非常重要，但我们也要认识到，学习先贤战略思维理论，运用前人揭示的战略思维规律和方法，同样是增强战略思维意识、提高战略思维能力的重要捷径。《孙子兵法》是中国战略思想史上的一座高峰，也是中国战略思维发展史上的一座高峰。

金庭碧曾就读于南京陆军指挥学院，获军事思想专业硕士研究生学位。我有幸作为他的导师，非常了解他敏锐的学术洞察力和刻苦的钻研精神。在求学过程中，他发表了军事思想、军事战略和《孙子兵法》方面的系列理论文章。转业到党校工作后，他善于把在部队所学的理论知识与实际工作结合起来，在领导者战略思维能力缺乏的问题上，有了深入的思考。特别是结合《孙子兵法》的战略思维观遗产，思考如何增强领导者战略思维意识，如何提高领导者战略思维能力等问题上，非常巧妙地将部队所学与地方所悟有机结合起来，撰写了《有的放矢——〈孙子兵法〉与领导者战略思维》一书。这本兼具部队与地方气质的专著，具有很多其他研究《孙子兵法》或战略思维问题的著作所不具备的特色。

一是时代性。今天所处的时代，是一个需要战略思维的时代。无论谋划治国理政，还是规划个人发展，无论思考单位建设，还是策划企业发展，无论战场克敌制胜，还是商场职场竞争，掌握战略思维都是占据主动和获取胜利的重要保证。战略思维对政治家、军事家理所当然非常重要，对社会普通成员、各级各类干部、企业员工或各个层级领导者，也是非常有益的。战略思维是人们步入战略殿堂的入场券，人们可以通过分析领导者战略思维的问题，进而推及其他行业、部门管理人员战略思维意识问题。

二是学术性。本书的研究与思考，在已有研究成果基础上，集聚了创新性研究成果。比如，在《孙子兵法》提出"虚实""利害""攻守"三原则基础上，结合时代发展，作者提出政治原则。孙武提出"利合于主""唯民是保""上下同欲"等，转化为时代化语言，就是要有"定于一尊"的政治自觉、思想自觉和行动自觉。比如，在领导者战略思维目标上，作者提出定位于"胜"、依赖于"知"、集中于"全"、受制于"道"，这些目标都源于《孙子兵法》，本书将领导者战略思维目标用"胜""知""全""道"概括，既有新意，也恰如其分。再如，本书提出"慎战""知战""控战""胜战""不战"五重战略思维境界，这"五战"也源于《孙子兵法》，应用于领导者战略思维，具有非常高的学术价值。

三是应用性。本书选题有强烈的问题导向，问题源于实践中发现的领导者包括企业领导者在战略思维上存在的明显不足，而我们所熟知的《孙子兵法》具有丰富的战略思想和战略智慧，战略思想和战略智慧背后隐藏着缜密的战略思维。近年来，一些学者开始学习应用《孙子兵法》战略思维，但很多人在学习应用过程中，重技巧轻道义、重解读轻本义、重战术轻战略、重套用轻熏陶、重局部轻整体，大多知之不深，悟之不透，用之不顺。本书从整体上理解和把握《孙子兵法》，在分析研究问题基础上，以《孙子兵法》战略思维观为"矢"，攻领导者战略思维缺乏之"的"，系统阐述领导者战略思维原则、目标、方法、能力、境界和品质等问题。读过之后，既可以领略《孙子兵法》之神韵，又可以促进战略思维之顿悟。

《有的放矢——〈孙子兵法〉与领导者战略思维》一书，从整体上思考、研究和把握《孙子兵法》的战略思维观遗产，这本身对《孙子兵法》的研究就是一个创新成果。更难能可贵的是，作者能够将研究成果与领导者战略思维缺乏的现实结合起来，也使我很受启发。概括起来说：

第一，选题本身具有创新意义和开创精神。金庭碧兼具部队与地方工作经历，将部队学习工作中掌握的战略思维理论与地方领导者战略思维不足结合起来，构建了领导者战略思维理论框架。作为军队培养的军事理论研究者，作者具备一定的军事理论素养，转业之后又从事地方领导干部教育培训和企业家培训等工作，对领导者战略思维问题有直接的了解、感受和体验。能够把二者结合起来，就形成了研究《孙子兵法》与领导者战略思维的优势，因而本书有许多开创性思考与研究。

第二，对领导者战略思维存在的问题分析透彻。如：只见树木不见森林，此为处理全局和局部关系问题上表现出来的片面性；只顾眼前不顾长远，此为处理眼前利益与长远利益关系上表现出来的片面性；工作中习惯于

"一刀切"，此为处理普遍性与特殊性、共性与个性关系上表现出来的片面性；处理问题非此即彼，顾此失彼，此为忽视矛盾对立统一性问题上表现出来的片面性。作者不仅指出了问题表现，而且从全局与局部、长远与眼前、共性与个性、对立与统一等方面探讨问题根源。

第三，初步构建领导者战略思维理论体系。战略思维原则概括为政治原则、虚实原则、利害原则、主动原则、攻守原则。战略思维目标概括为目标选择定位于"胜"、目标制定依赖于"知"、目标要求集中于"全"、目标实现受制于"道"。战略思维能力方面则探讨了何谓战略思维能力、战略思维能力的架构和提升战略思维能力的途径。战略思维方法概括为信息思维法、系统思维法、辩证思维法、目标思维法、对比思维法、历史思维法、前瞻思维法、比方思维法。战略思维品质概括为价值层面趋利、道德层面取义、认知层面重知、实践层面求实。把战略思维境界概括为"慎战""知战""控战""胜战"和"不战"五个层面。此理论体系，语言简洁、思路清晰、层次分明，想前人之未想，言前人之未言。

第四，理论阐述和实践例举相结合。作者在阐述领导者战略思维过程中，列举了很多生动事例。比如：在阐述战略思维原则时，作者将《孙子兵法》强调的"利合于主""唯民是保"与习近平总书记强调的"在领导干部的所有能力中，政治能力是第一位的"结合起来，具有很强的现实性。在阐述战略思维境界时，作者把授课时与学员的交流对话列举出来，借此说明有的人在工作与生活中应用了战略思维境界观，却不知其理论源于《孙子兵法》。在阐述信息思维方法时，引用了毛泽东同志在《论持久战》中的分析方法，论述了"五事七计"的科学性和现实应用价值。

《孙子兵法》虽然只有五六千字，但理论体系博大精深，本书还远未完全揭示其战略思维理论体系，好在作者有强烈的问题意识和敏锐的学术嗅觉，在运用《孙子兵法》战略思维理论解决领导者战略思维缺乏的问题上，已经开了一个好头。

美国著名管理学家克劳德·S.乔治在《管理思想史》中说："你想成为管理人才吗？必须去读《孙子兵法》！"借用他的话来说，你想提高战略思维能力吗？那就不妨读一读金庭碧写的这本《有的放矢——〈孙子兵法〉与领导者战略思维》吧。

南京大学副教授、国防大学战略学博士 杨新

2020 年 3 月 4 日

自 序

战略是否为将帅或统治者等身居高位者所专享？地位卑微者是否也有战略思维，是否也需要战略思维？此问题在我脑子里思考很长很长时间了。

年与时驰，意与日坚。

随着对战略思维问题学习和研究的深入，我越来越觉得，战略思维是每一个试图努力进取、有所作为者都应该具备的基本素质，更是每一个正在努力进取、想有所作为的人都应该具备的基本素质。

《君王论》作者马基雅维利说："一个地位卑下之人却敢于探讨和指点君主的作为，这不应当被视作僭妄，原因就像人们绘制地图一样，为了考察山峦及高地的特征便应置身平原，为了考察平原的特征便应高踞山顶。"我自知，尽管未高居要职，但我一直都在关注战略、学习战略，关注战略思维、学习战略思维，一直都试图用自身行动来证明自己笃信的观点。

考察中外历史，不难发现，在战略领域，可谓大师云集。如西方历史上的亚历山大、腓特烈、恺撒、拿破仑，中国历史上的秦始皇嬴政、汉高祖刘邦、汉武帝刘彻、唐太宗李世民等。即便是在列宁、毛泽东等战略大师所处的时代，战略思想、战略计划和战略实施依然集于大师一身。然而，时代发展到今天，战略思想、战略计划和战略实施，均分属各部，各司其职，非一己之力能承担或驾驭得了的。时代发展变化给人们带来了挑战的同时，也给专门从事战略研究和学习的人提供了机遇。

我便是置身平原考察山峦及高地特征的人。

互联网时代，人们在海量的信息面前，来不及思考，甚至正在准备思考时，思绪又容易被滚滚而来的信息潮浪打水推般地不知推向何处。我对《孙子兵法》战略思维的学习与思考，正是在掌握已有的战略基础知识上，结合对现实问题的思考，形成了书中的研究框架和基本观点。

本人兼具部队生活与地方工作生活经历，一直坚持对战略问题的学习与研究，对本书相关问题的思考持续了二十多年。特别是转业到地方工作后，环境的变化曾经使我短暂性迷茫，找不到前行方向和道路，也正是得益于战略研究素养，我很快调整了思路与心态，一直在战略研究道路上跋涉前行。在党校工作实践多年的基础上，结合在部队积累的理论基础，终于探索了一条以《孙子兵法》战略思维观遗产为"矢"，攻领导者战略思维缺乏之"的"的路径。美其名曰：有"的"放"矢"。

在战略研究的追梦之旅上，我一直坚信、坚持和坚守着。我坚信只要持之以恒地做一件事，终将会有所获；我坚持把读书、思考和健身作为生活的三大重要元素；我坚守自己的梦想，那就是在复杂的世界环境下研究战略。

即便是跛脚或笨拙的小鸟，依然有畅想未来、畅游蓝天的梦想，何况人呢！我的所思所想，既谈不上深邃，更谈不上崇高，仅仅是尝试着珍惜、重视和运用人世间最美好的思想而已。

思考弥足珍贵，尤其对某一问题持之以恒地深入思考，更为珍贵。

是为序。

金庭碧

2020 年 3 月

目录

导 论

凡是有理想、有追求、有情怀的人，莫不希望建功立业以实现人生价值。可是，现实中难免有些领导者心浮气躁、急功近利。有的领导者抓工作重眼前、轻长远，重显绩、轻潜绩，重局部利益、轻全局利益；有的领导者上任后，热衷于烧"三把火"，不愿意"炒冷饭"，轻率否定前任决策，另起炉灶另开张；有的领导者好大喜功，不愿意做有益于长远的工作，热衷于做有益于眼前的工作。乍一看是方式方法问题，实质上是境界觉悟差异，缺乏战略思维是最为重要的原因。

以《孙子兵法》战略思维观为"矢"，攻领导者战略思维缺乏之"的"，是极为有意义的探索。

一、何谓领导者战略思维

探讨这个问题，可以学习借鉴毛泽东在《中国革命战争的战略问题》中对中国革命战争的思考方法。毛泽东在论述如何研究中国革命战争问题时写道：

> 战争——从有私有财产和有阶级以来就开始了的、用以解决阶级和阶级、民族和民族、国家和国家、政治集团和政治集团之间、在一定发展阶段上的矛盾的一种最高的斗争形式。不懂得它的情形，它的性质，它和它以外事情的关联，就不知道战争的规律，就不知道如何指导战争，就不能打胜仗。

革命战争——革命的阶级战争和革命的民族战争，在一般战争的情形和性质之外，有它的特殊的情形和性质。因此，在一般的战争规律之外，有它的一些特殊的规律。不懂得这些特殊的情形和性质，不懂得它的特殊的规律，就不能指导革命战争，就不能在革命战争中打胜仗。①

中国革命战争——不论是国内战争或民族战争，是在中国的特殊环境之内进行的，比较一般的战争，一般的革命战争，又有它的特殊的情形和特殊的性质。因此，在一般战争和一般革命战争的规律之外，又有它的一些特殊的规律。如果不懂得这些，就不能在中国革命战争中打胜仗。②

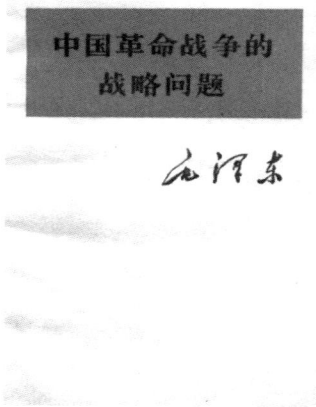

图 0-1

《中国革命战争的战略问题》是毛泽东1936年12月在中国抗日红军大学的讲演。始由八路军军政杂志社印行单行本，后收入《毛泽东选集》第一卷，为了总结土地革命战争的经验，批判王明的"左"倾机会主义错误，毛泽东运用唯物辩证法，系统地阐明了有关中国革命战争战略方面的诸问题。

---

① 毛泽东：《毛泽东选集》（第一卷），人民出版社1991年版，第171页。
② 同上。

在论述这三个概念之后，毛泽东指出：

> 我们应该研究一般战争的规律；也应该研究革命战争的规律；最后，我们还应该研究中国革命战争的规律。[①]

毛泽东阐述了什么是战争，什么是革命战争，什么是中国革命战争。这种方法，就是从一般到特殊的方法。我们常讲要学习经典著作，学什么呢？对领导者而言，学习其思想内容是一个方面，学习其思想方法则是更为重要的方面。因为思想内容会随时代变化而不可避免地产生局限性，但思想方法则具有普遍性价值，其适用性也更加久远，所以必须高度重视经典理论中思想方法的学习。

毛泽东在研究中国革命战争问题上采用的思想方法可以用于研究领导者战略思维。

（一）什么是思维

人体哪个部位在思考呢？大脑在思考。无论从解剖学还是从社会学角度分析，大脑都是一个极为复杂的人体部位。显然，人类的思维也是非常复杂的。

人类的思维是不是因为复杂就没有办法认识呢？不是，人的大脑太厉害了，不但善于认识外部世界，而且善于认识大脑本身。当然，这是一个探索过程。

对思维的认识，角度不同，结果相异。专业人士从专业角度认识，其结果可能艰涩难懂；非专业人士则可以从一般角度认识，从一般角度认识就会通俗明了。比如，有人从生物学专业角度定义思维，涉及神经元、神经系统、细胞、中间神经元、中枢神经系统、感觉系统等专有名词，难于理解；有人从心理学角度认识思维，提出认知心理学概念，认为思维是心智上

[①] 毛泽东：《毛泽东选集》（第一卷），人民出版社 1991 年版，第 171 页。

的努力，目的是为了找出一个疑问的答案或是解决一个实务的问题；还有人从精神分析学的专业角度认识思维；等等。

德国哲学家马丁·海德格尔对存在进行现象学分析，对思维提出了新的观点，区别于思维的传统认知。这种现象学分析与传统形而上学思维方式（表象性思维方式）形成了鲜明对比：表象性思维方式坚持主体性原则，在认识和实践活动中把世界当作一个客观对象来把握，而建构生成思维方式则坚持存在性原则，目的是"消融主体与客体的僵硬对立，回到更为本源性的同一的世界"①。传统的形而上学思维认为，任何事物都有其先天的恒定本质，不论事物如何发展，其本质都不会改变，而且事物发展都由其本质决定，即一切都是"现成的""静态的""完成的"事件或事实；而马丁·海德格尔的建构生成思维恰恰相反。在那里，存在是"生成的""动态的""未完成的"可能性，一切事物都需要在建构活动中"发生并成为"自身，所以没有任何固定的本质存在，"比现实性更高的是可能性"。②这些认识，虽然便于专业人士做专业研究，却不便于大众理解。

大众要认识什么是思维，从一般角度认识一些基本概念和一般性规律就足够了。

思维是什么？思维是"在表象、概念的基础上进行分析、综合、判断、推理等认识活动的过程。思维是人类特有的一种精神活动，是从社会实践中产生的"③。思维是由复杂的脑机制所赋予的，思维是对客观关系、联系进行多层加工。思维是认识的高级形式，揭示事物本质特征。广义的思维是人脑对客观现实概括的和间接的反映，它反映事物的本质和事物间规律性联系，包括逻辑思维和形象思维。狭义思维是心理学意义上的思维，专指逻辑思维。

---

① 叶秀山：《思·史·诗：现象学和存在哲学研究》，人民出版社 1988 年版，第 117 页。
② [德]马丁·海德格尔：《存在与时间》（修订译本），陈嘉映等译，三联书店 1999 年版，第 45 页。
③ 中国社会科学院语言研究所词典编辑室：《现代汉语词典》，商务印书馆 1997 年版，第 1194 页。

思维的基本方法有哪些？基本方法包括形象思维法、演绎思维法、归纳思维法、联想思维法、逆向思维法、移植思维法、聚合思维法、目标思维法、发散思维法等。

思维的基本过程是什么？人脑对信息的处理包括分析、抽象、综合、对比这四个系统的、具体的过程，也是思维的基本过程。分析是把一个事件的整体分解为各个部分，并把这个整体事件的各个属性都单独地分离开的过程。综合是分析的逆向过程，它把事件的各个部分、各个属性都结合起来，形成一个整体事件。抽象是把事件共有特征、共有的属性都抽取出来，并对与其不同的、不能反映其本质的内容进行舍弃。对比是以比较为前提，比较事物之间的共同与不同之处，并对其进行同一性归纳。

简言之，思维的过程，就是通过对信息的处理，达到了解情况、找出问题、分析矛盾、思考解决办法的过程。如果不是专业角度的研究，认识到这里也基本够了。

（二）什么是战略思维

按照毛泽东在《中国革命战争的战略问题》中认识中国革命战争的方法，要认识战略思维，就是在认识思维一般规律之后，再认识战略思维特殊规律。如何认识这个特殊规律呢？从面上看，战略思维只是在思维前面增加"战略"二字，从里子看，则必须认识到，它是思维的一种特殊形式。也就是说，除了具备思维一般特点和规律外，战略思维有其自身特点和规律。为了回答何谓战略思维，对"战略"的认识无论如何也绕不过去。

何谓战略？

战略观念或战略意识早在春秋战国时期就存在了，战略概念的出现则是以后的事。尽管战略这个词，在现代社会几乎家喻户晓，不仅用于军事方面，在其他方面也经常出现，甚至有泛化滥用之嫌，但战略的真正意义和内涵却又很难为一般人所理解。孟子讲"习矣而不察焉"，就是这个意思。人们对战略内涵的无知，导致人们对战略应用的无畏。

"国之大事，在祀与戎。"[①] 戎，军事，涉及安全问题。祀，祭祀祖先，涉及发展问题。什么是国之大事？在古人看来，就是军事与祭祀，今人看来，就是安全与发展。古人与今人的看法基本一致，都讲安全和发展是国之大事，只是在发展问题上略有差别。古人讲发展，视线朝向过往，重视对前人的祭奠。今人讲发展，视线朝向将来，重视对未来的展望。从古至今，战略研究的问题，核心也是这两个。由此推断，战略观念不是今天才有的，也不是昨天才有的，而是自人类有战争以来，就有了战略观念或战略意识，只是战略这个概念的出现远远滞后于战略观念或战略意识。因为概念是人类在认识过程中，从感性认识上升到理性认识，把感知的事物共同本质特点抽象出来，加以概括，是一种认知意识的表达。而观念或意识则是人脑对客观物质世界的反映，也是感觉、思维等各种心理过程的总和。显然，观念或意识先于概念。所以，战略观念或战略意识的产生先于战略概念。

图 0-2

楚国是春秋时期主要诸侯国之一，强盛时有地方五千里，战车千乘，甲兵百万。从湖北省枣阳市发掘出土的九连墩古墓群就是楚国文化的一个典型代表。2012 年 9 月 26 日，"荆楚深情——九连墩楚墓出土文物精品展"开展，232 件（套）珍贵文物集中展示了湖北九连墩楚墓出土文物的精美，图 0-2 为展品：铜小口鼎。

---

① 左丘明：《左传》，郭丹译注，中华书局 2016 年版，第 466 页。

在此不专门研究战略，只是谈到战略思维概念时，觉得有必要认识与战略相关的问题。这样，既可以对战略有总体认识，又便于顺利地进入后面的探讨。相关问题包括三个：

（1）西方人如何认识战略？

（2）中国人如何认识战略？

（3）现代社会东西方文化交流日益紧密的背景下如何认识战略？

西方人如何认识战略？对此，我国台湾学者钮先钟先生认为：

> 战略观念的起源固不可考，但名词在西方的出现则有较确实的考据。"战略"一词的原文在英语中为"strategy"，在法语中为"stratégie"，在德语中为"strategie"，在意大利语中为"strategia"。其语根出于希腊，希腊语中有"stratos"这样一个词，其意义为军队。从这个词就衍生出"strategos"，意为将军或领袖，以及"strategeia"，其意义可以分别为战役或将道（generalship）。此处还有一字"strategama"，译成英文就是"strategems"，其意义为战争中的诡计（rusesdeguerre），换言之，即孙武所谓"诡道"，也可译为谋略。①

钮先钟先生从词源角度阐述了战略一词的来源。在其著作中，他还介绍了一些西方的战略著作。比如，东罗马时代，莫里斯曾著一书以教育其将领，书名为 *Strategikon*，意为"将军之学"，大致成书于公元 580 年，可以算作西方第一部战略学著作。再如，18 世纪法国人梅齐乐著《战争理论》（*Theoriedelaguere*），书中首次正式使用战略（strategie）这个名词，并将其界定为"作战指导"。钮先钟先生认为，梅齐乐的《战争理论》思想源于莫里斯的著作，且影响非常之大，很畅销，多次重印，并翻译成德文和英文。

---

① 钮先钟：《西方战略思想史》，广西师范大学出版社 2003 年版，第 2 页。

从此，战略一词逐渐变成法国的军事术语。

在西方，战略真正发展成为一门学问，那是安托万·亨利·约米尼和卡尔·菲利普·戈特弗里德·冯·克劳塞维茨两位战略大师著作问世之后的事。虽然他俩分别的著作《战争艺术》和《战争论》都没有用"战略"作为书名，但书中对战略问题进行了详尽的分析，甚至在某些方面达到的高度，后人都难以企及。

在钮先钟先生看来，"战略"一词源于西方，而且战略仅限于军事领域。不难发现，钮先钟先生从词源学①角度分析出来的结论，展示了他对西方战略思维史研究的坚实基础和对战略概念的洞见。但是，能否仅凭这些就认为西方战略早于东方战略呢，或者认为战略一词源于西方呢？值得商榷。要知道，在西方世界，战略这个词正式使用到今天仅两百多年，但战略观念或战略意识古亦有之，无论是东方还是西方，都存在战略观念或战略意识，只是其影响领域仅仅限于军事。钮先钟先生关于战略一词源于西方的结论，论据并不充分。

中国人如何认识战略？对此，先看看美国人如何评价。曾任美国国防大学战略研究所所长的约翰·柯斯林认为：

> 孙武是古代第一个形成战略思维的伟大人物。他于公元前400年至公元前302年间写成了最早的名著《兵法》。"孙武十三篇"可与历代名著包括2200年后克劳塞维茨的著作媲美。今天没有一个人对战略的相互关系、应考虑的问题和所受的限制比他有更深刻的认识。他的大部分观点在我们的当前环境中仍然具有和当时同样重大的意义。②

---

① 词源学，顾名思义，就是讲一个语词的起源与发展。词源学研究运用于许多国家的文化研究中，优秀的词典、字典通常会标明词或字的起源与发展。

② [美]约翰·柯林斯：《大战略》，中国人民解放军战士出版社1978年版，第8页。

约翰·柯斯林高度评价《孙子兵法》在战略思想发展史上的伟大贡献。中国人对战略的认识，尤其是对战略认识的高度，远甚于西方。尽管没有战略这个词，但战略意识或战略观念早在春秋时期就已经存在于社会生活之中，而且战略思想早就达到了相当高的水平。

比如：中国古代有西晋人司马彪，他曾著《战略》一书，原著虽然散失，但其部分内容仍然散见于《三国志》《太平御览》等典籍之中。再如：清朝有一位叫黄奭的人，曾将其佚文辑成一卷，共八节，约二千余字。这可能是战略一词在我国文献中的最早记载。从这本书的内容来看，主要论述了作战谋略和统兵打仗的方法，与现代关于战略的理解虽然不完全一致，但大体是相通的。

司马彪之后，公元六世纪北魏大将金城郡公越奭也撰有《战略》一书，计二十六卷，《隋书·经籍志》《通志·艺文略》均将其归入兵书类。到公元十七世纪明末副统兵茅元仪撰有《廿一史战略考》，汇辑了春秋至元代战略史实和权谋形势，为其所辑《武备志》的一部分。可以说，战略在中国源远流长，并具有比较完善的理论形态和存在形式。

关于战略概念，究竟是东方早于西方还是西方早于东方，究竟是源于西方还是源于东方？分析至此，可以得出初步的结论，就目前已知资料显示，战略概念的出现，东方早于西方。至于战略源于东方还是源于西方，我认为，东方西方各有源头，无须纠结于此，但不能忽视一个基本的事实：中国对战略的认识，早在春秋时期就达到了一定的高度，出现了以《孙子兵法》为代表的战略著作。

但钮先钟先生认为：

从演进过程上看，几乎立即可以发现西方战略思想的兴衰趋势恰好与中国相反。概括言之，在中国为先盛后衰，而在西方则先衰后盛。①

谈到中国人如何认识战略，最为重要的当然是今天的中国人如何认识战略，概括起来，其观点大致可分为两派，此两派的认识观点分歧还较大。

其一，以军事科学院战略研究部在20世纪90年代和21世纪编写的《战略学》为代表，认为：

> 战略学比任何科学都更直接贴近实践。离开了战争实践，战略学就失去了生命，成为无源之水，无本之木。战略如果脱离实际就会在实践中带来灾难性后果。②

其二，20世纪90年代国防大学王文荣主编和21世纪国防大学肖天亮主编的《战略学》，将战略概念拓展到军事力量的运用和军事力量建设，认为"战略是对军事力量运用与建设全局的筹划和指导"③。也就是说，在和平时期军事力量建设是军事战略指导的重要内容。还进一步指出：

> 战略定义为"对军事斗争全局的筹划和指导"，在表述上还不十分明确，还没有直接表达出指导军事力量建设的内容，容易被理解为仅指军事力量运用。军事战略作为国家军事领域的总方略，统揽一切军事工作，不仅指导军事力量的运用，而且指导军事力量的建设。尤其是在和平时期，军事力量建设是军事战略指导的重要内容。因此，在新的时代条件下，应把战略定义为"对

---

① 钮先钟：《西方战略思想史》，广西师范大学出版社2003年版，第8页。
② 军事科学院战略研究部：《战略学》，军事科学出版社2001年版，第29页。
③ 肖天亮：《战略学》，国防大学出版社2015年版，第10页。

军事力量运用与建设全局的筹划和指导"。①

这两种对战略的解释都有道理，前者是狭义的战略，后者是广义的战略。二者结合起来认识战略，就完整了。

在中西方文化交流日益频繁的形势下，如何认识战略？我觉得还是顺着离我们较近的战略大师的眼光去观察和思考，或许认识会来得更快一些，看得更准确一些。比如：

战略就是为了达到战争目的而对战斗的运用。②

——克劳塞维茨

战略是一种分配和运用军事工具以来达到政治目的的艺术。③

——利德尔·哈特

研究带全局性的战争指导规律，是战略学的任务。④

——毛泽东

综合这三位战略大师对战略的认识，战略特性就很清晰了。

克劳塞维茨是西方战略大师，但今日从《战争论》中对战略定义的翻译文本看，战略如此定义，是不够的。

首先，战斗与战争不是一个层次的概念，在《中国人民解放军军语》中，战斗对应战术理论，战役对应战役理论，战争对应战略指导。前者是实践，后者是理论指导。克劳塞维茨关于"战略就是为了达到战争目的而对战斗的运用"的说法，依《中国人民解放军军语》来看，就有概念对应错位

---

① 肖天亮：《战略学》，国防大学出版社 2015 年版，第 1 页。

② ［德］克劳塞维茨：《战争论》（第一卷），中国人民解放军军事科学院译，解放军出版社 2005 年版，第 116 页。

③ ［英］利德尔·哈特：《战略论》，中国人民解放军军事科学院译，战士出版社 1981 年版，第 438 页。

④ 毛泽东：《毛泽东选集》（第一卷），人民出版社 1991 年版，第 175 页。

的问题。当然，用今天的军语解释两百多年前的西方战略理论，这必然有些不妥，况且，翻译过来的语句未必完全符合作者本意，我倒觉得，将其翻译为"用军事手段达成战争目的的艺术"恐怕更符合他的本意。

再说，《战争论》最为著名的就是他对战争的定义："战争无非是政治通过另一种手段的继续。"① 要知道，在军事理论界，克劳塞维茨仅凭对战争概念的定义，就足以奠定他在西方战略思想史中的重要地位。

此外，克劳塞维茨认识问题的理论基础是德国康德、费希特和黑格尔唯心主义哲学。克劳塞维茨以唯心主义哲学思想为指针，在资产阶级军事科学中首次对战争和军事学术等系列现象的相互联系和发展作了分析。克劳塞维茨的观点存在阶级局限性和历史局限性，需要批判地吸收。

利德尔·哈特是英国战略学家，他对战略的这个定义，更多是从军事角度来思考的。他认为，战略的概念仅限于军事领域。他的这种认识，在军事科学院战略研究部编写的《战略学》这本书中得到认同。《战略学》认为：

> 新时期我国的国家军事战略内涵似可以概述为：我国新时期的战略（即军事战略）是以国家综合实力为基础，以积极防御思想为指导，以打赢高技术条件下局部战争为基点，建设与运用军事力量，为维护国家主权与安全而对战争准备和战争实施全局、全过程的运筹与指导。②

用利德尔·哈特的观点看，军事科学院战略研究部编写的《战略学》中关于战略的认识是狭义的战略，而国防大学肖天亮的《战略学》对战略的认识则是广义的战略。

---

① ［德］克劳塞维茨：《战争论》（第一卷），中国人民解放军军事科学院译，解放军出版社2005年版，第26页。
② 军事科学院战略研究部：《战略学》，军事科学出版社2001年版，第15页。

毛泽东对战略没有单独定义，但是对战略学研究的认识，却有上述论述。当时处于中国革命战争时期，中国共产党还没有取得政权，革命是以毛泽东同志为核心的党中央思考的头等大事。当时可能既没有大战略概念，也不可能用主要精力思考战争以外的问题。

参考以上战略大师对战略的思考，可以试着给战略下一个定义：所谓战略，就是为达成一定目的必须遵循的长远性、全局性指导规律。

这样定义，看似从时间上和空间上进行了规定，仔细思考，却发现这个定义既没有规定时间，也没有规定空间，更没有限定战争领域或非战争领域。这样就带来了战略泛化的问题。当然，泛化也不要紧，不是还有"策略"这个词吗。古代讲策，策就是治国方略。企业战略、军事战略、文化战略、科技战略所讲的更多是策略。

归纳如何认识战略这个问题，可以认为：

（1）关于战略领域：战略并非仅限于军事领域，可以放大到经济、政治、文化、社会、生态等领域。

（2）关于战略主体：战略并非限于高级领导者思维范畴，而是各级各类领导者都要思考的问题。当然，任何人都可以思考战略问题。

理解了战略之后，不妨试着对战略思维下一个定义：战略思维是对全局性、规律性、长远性问题作出重大决策的科学知识体系和科学思维方法。从这个定义来看，战略思维属于理性认识范畴，而且是多种思维方式的整合与综合运用。

战略思维有什么特性呢？纯粹探讨概念是理论家的事，难以理解，更不便于大众的理解。以"隆中对"为例来略微分析一下战略思维的特性。

先看《隆中对》的一段原文：

> 亮答曰："自董卓已来，豪杰并起，跨州连郡者不可胜数。曹操比于袁绍，则名微而众寡。然操遂能克绍，以弱为强者，非惟

天时，抑亦人谋也。今操已拥百万之众，挟天子而令诸侯，此诚不可与争锋。孙权据有江东，已历三世，国险而民附，贤能为之用，此可以为援而不可图也。荆州北据汉、沔，利尽南海，东连吴会，西通巴、蜀，此用武之国，而其主不能守，此殆天所以资将军，将军岂有意乎？益州险塞，沃野千里，天府之土，高祖因之以成帝业。刘璋暗弱，张鲁在北，民殷国富而不知存恤，智能之士思得明君。将军既帝室之胄，信义著于四海，总揽英雄，思贤如渴，若跨有荆、益，保其岩阻，西和诸戎，南抚夷越，外结好孙权，内修政理；天下有变，则命一上将将荆州之军以向宛、洛，将军身率益州之众出于秦川，百姓孰敢不箪食壶浆以迎将军者乎？诚如是，则霸业可成，汉室可兴矣。"

先主曰："善！"于是与亮情好日密。关羽、张飞等不悦，先主解之曰："孤之有孔明，犹鱼之有水也。愿诸君勿复言。"羽、飞乃止。[1]

此文记载了诸葛亮对刘备陈说天下形势及兴复汉室之计，此事陈寿在《三国志》中有完整记载，被世人公认为重要且可信的史料。"隆中对"记载的事情发生在建安十二年（207年），是刘备三顾茅庐，诸葛亮与刘备纵论天下大事的谈话记录。从"隆中对"可以看出，作为大战略家的诸葛亮，其格局何等宏大、眼光何等高远、思维何等缜密。

---

[1]（晋）陈寿：《前四史·三国志·蜀书五·诸葛亮传》，裴松之注，江苏古籍出版社2002年版，第1115页。

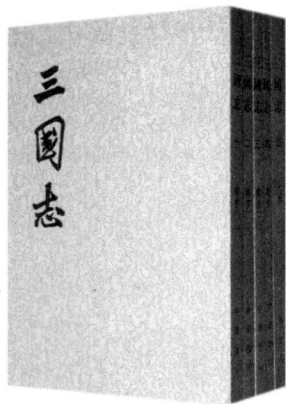

图 0-3

《三国志》不仅是一部史学巨著，更是一部文学巨著。陈寿在尊重史实的基础上，以简练、优美的语言为我们绘制了一幅幅三国人物肖像图。"隆中对"选自《三国志》，记载了中国东汉末年刘备三顾茅庐去襄阳隆中拜访诸葛亮时的谈话内容，此次谈话促成三国鼎立的战略决策的形成。

当然，此处所言大战略并非利德尔·哈特强调的大战略，之所以将"隆中对"中的战略称为大战略，完全是从特定历史条件、战略思想的深度和战略思维主体的格局来评价的。"隆中对"把战略思维基本特性都表现出来了。在这个战略思想中，诸葛亮从"天时""地利""人和"三大视角，既分析了刘备已具备的三大优势，又分析了刘备不能回避的三大劣势，然后结合刘备的实际，提出了实现战略目标的战略选择。

他认为刘备具有以下三大有利条件：

（1）天时——荆州之王刘表"不能守，此殆天所以资将军"，刘备可图之。

（2）地利——"荆州北据汉、沔，利尽南海，东连吴会，西通巴、蜀"，刘备取此战略要地，定能处于有利地位；"益州险塞，沃野千里"，也应作为进一步发展的基地。

（3）人和——刘备乃"帝室之胄，信义著于四海，总揽英雄，思贤若渴"，而刘备所暂时依附的"刘璋暗弱，张鲁在北，民殷国富而不知存恤，智能之士思得明君"，这对刘备取而代之极为有利。

同时，刘备亦有以下三个不利因素：

（1）曹操"挟天子而令诸侯"，有政治优势；军事势力强大，"已拥百万之众"；而且他知人善任，谋略出众，"此诚不可与争锋"。

（2）孙权"据有江东，已历三世，国险而民附，贤能为之用，此可以为援而不可图也"。

（3）刘备当时连根据地都没有，寄人篱下，兵力只有几千人，与曹操、孙权相比，兵弱势微，一时难以取胜。

如何扬长避短，把优势发挥到极致？如何权衡利弊，把劣势的影响减小到极致？趋利避害、扬长避短是战略大师追求的目标。诸葛亮给刘备设计了"两步走"的战略方案：

（1）积聚能量，三分天下。"跨有荆、益，保其岩阻"，作为根据地；同时"内修政理"，革新政治，积蓄力量；并"西和诸戎，南抚夷越"，搞好民族关系，以稳定后方；对外应"结好孙权"，孤立曹操，争取形成三分天下的格局。

（2）伺机而动，成就霸业。一旦时机成熟，"天下有变"，则两路出兵，"命一上将将荆州之军以向宛、洛，将军身率益州之众出于秦川"，北定中原，"诚如是，则霸业可成，汉室可兴矣"。

这一胆识超群、切实可行的战略方针可谓深谋远虑。刘备采纳后，不久即形成魏、蜀、吴三国鼎立之势，可是后来刘备终究未能统一天下，尽管原因是多方面的，但刘备、关羽违背和破坏了"隆中对"中提出的联孙抗曹的根本大计，不能说不是最为重要的原因。这也反证了"隆中对"中体现的战略思想不愧为雄才大略。

钮先钟先生从总体、主动、务实和前瞻四个方面分析了战略价值取向。[①]以此为基础，可以进一步思考战略思维以下五个方面的特性。

一是总体性。简言之，战略思维主体在思考问题的时候，必须认清问题本身所具有的总体性，同时又要用总体性眼光来看问题。也就是说，在思考问题时，要放眼整体，总揽全局，用相互联系的观点思考问题。凡事从总体上思考，这里讲总体，也是相对概念，并非具体有所指。对单兵来讲，班是总体；对班来讲，排是总体；对排来讲，连队是总体，以此类推，总体可以上升到师、军、军种，以至无穷。军事问题如此，非军事问题也可以类比。总体性区别于全局性。全局性强调空间维度，总体性既强调空间维度也强调时间维度，总体性涵盖了全局性和全时性。

二是主动性。战略思维的本质是思考如何行动。战略思维主体所研究的主题也是如何采取主动行为，掌控全局，实现"致人而不致于人"。可以说，战略思维是以目标为起点，以行动为过程，以目标实现为终点，这是一个完整的过程。而行动，则是连接起点和终点的纽带。战略思维主体并非为思想而思想，为思维而思维，而要透过思维途径，解决所面临的战略问题。实质是如何明确战略行动的思维过程。

三是务实性。战略思维必须务实，否则就会陷入知易行难境地。战略思维主体在进行战略思维时，既要看有利条件、拥有的优势和决策带来的效益，又要看不利条件、劣势和决策的负面效应。钮先钟先生对战略保持务实性提出五条原则，对战略思维同样适用，摘录如下：

第一条原则：战略思想固然必须是抽象的（abstract），但却又不可过分抽象；

第二条原则：必须认清时空背景，否则战略思想就会不切实际；

---

① 钮先钟：《战略研究》，广西师范大学出版社 2003 年版，第 88—116 页。

第三条原则：战略是长期的（long－range），战略不是"速溶咖啡"（instant coffee），可以现冲现喝；

第四条原则：战略必须具有弹性；

第五条原则：战略有其目标，但要想达到某一目标，则所能采取的手段又并非经常只限于一种。①

战略保持务实性必须遵循这五条原则，战略思维也不能违背这五条原则。现在有的领导者认为战略思维是务虚的，这着实误解了战略思维。战略思维贯穿于战略思维目标实现的整个过程，贯穿于战略思维目标实现影响因素的方方面面。战略思维目标的确立、实现过程以及实现之后的经验总结，如此贯穿于战略思维目标实现全过程的战略思维，怎么能用"务虚"二字来评价呢？当然，战略作为一种思想，是有务虚的成分，而且务虚也必不可少，但就战略思维贯穿战略思维目标实现全程看，战略思维是务实的。

战略思维看起来是务虚，务虚中也不乏务实。比如：对单位发展来说，务虚会也是谋划总体发展战略布局的有效形式。领导者在实际工作中，通常会在年底组织召开工作务虚会。什么是工作务虚呢？无非有这么几件事情在务：一是过去一年的工作有什么优点和不足；二是下一步工作有什么设想；三是单位总体发展思路如何谋划；四是单位各部门对新年度工作有什么期望或打算；等等。这些问题看起来是务虚，实际上是务实。务虚是形式，务实是内容。多数行业协会或企业，年底要组织一次年会。殊不知，真正有水平、有意义、有价值的年会，就不是聚在一起吃吃喝喝玩玩，而应该是组织起来一起务虚，总结过去，谋划未来。这就较好地体现了战略思维的务实性。

四是前瞻性。战略思维的最终目标是采取行动，以改变历史演进趋势。

---

① 钮先钟：《战略研究》，广西师范大学出版社 2003 年版，第 112—115 页。

但任何行动都需要时间，从行动开始到行动结束，总会有一个时间差。行动越艰难，这个时间差会越大，战略思维所涉及的问题，不是今天所面临的问题，而是明天所面临的问题。战略思维主体在此过程中，就要善于用发展的观点分析问题，用长远的眼光观察问题。战略思维对未来即将出现或可能出现的情况提出解决问题的方案，既然是着眼于未来，那么思维主体当然要有前瞻性思维，也就是对未来可能发生的情况，可能出现的问题，要作出明确的预测和分析，提出明确的方案选择。正如钮先钟先生所言：

> 我们对于眼前的情况，几乎毫无影响的能力，但对未来的趋势，却可能发挥较远巨大的影响作用。[①]

也正因为战略是着眼于未来，所以一定要有前瞻性。也正因如此，战略学家博弗尔以"明日战略"（*Strategy for Tomorrow*）为题，出版了他最后的一本专著。虽然这本书远不如他的其他战略专著，但其书名尤为人们所重视，特别是书名中的"for"，要知道，战略不是为今天（for today），而是为明天（for tomorrow）设计的。

对战略的认识可以得出这个结论，对战略思维的认识也可以得出这个结论。在钮先钟先生关于战略价值取向认识观点基础上，战略思维特性可以增加一条，即"阶段性"。

五是阶段性。大凡战略，必分为多个阶段，分步实施。"隆中对"中两步走战略就是最好的证明。此外，毛泽东在《论持久战》中提出战略防御、战略相持、战略反攻三大阶段，准确预测了中国人民抗日战争基本进程。毛泽东将中国革命阶段划分为旧民主主义革命、新民主主义革命，这也体现了战略思维的阶段性。邓小平对中国现代化建设提出"三步走"战略，习近平提出"两个一百年""两个十五年"奋斗目标等，都是推进中国特色社

---

① 钮先钟：《战略研究》，广西师范大学出版社 2003 年版，第 102 页。

会主义事业的阶段性目标。这些战略目标实施方案的筹划，体现了战略思维的阶段性，或者说，阶段性是战略思维的显著特性之一。

阶段性也符合质量互变规律。毛泽东在批注西洛可夫、爱森堡等《辩证法唯物论教程》中谈到量变与质变规律时，批注了"过程与阶段的区别"几个字。

> 毛泽东的批语表明，"在事物发展中，由量变而引起的质变（这标志旧过程的结束，新过程的开始）同在一定限度内的量变所造成的事物的阶段性变化（现在我们称之为部分质变）之间是有区别的"。[①]

量变过程中发生部分质变，但事物在量变过程中并没发生根本性变化，量变进一步发展导致事物发生根本性变化，这一根本性变化就是质变，且意味着发展进入新阶段，新阶段又将发生新量变，如此反复，以至无穷。认识战略思维阶段性特征的依据也在这里。

关于战略思维的特性，在钮先钟先生《战略研究》论述战略四种价值取向的观点的基础上，笔者提出了战略思维五大特性，这并不是简单的移植，而是学习借鉴之后受到的新启发。战略本身就是一种思想，而思想是要通过思维才能表现出来的。因此，战略思想价值取向就是战略思维价值取向。或者说，这样的价值取向也展示了战略思维特性。如果没有总体、主动、务实、前瞻四方面价值取向，就不能称为战略，如果不具备总体性、主动性、务实性、前瞻性、阶段性五大特性，就不能称为战略思维。

到底什么是战略思维呢？归纳起来看，战略思维就是对全局性、长远性问题，从了解情况、分析特点，到提出解决问题的方法的思维过程。

[①] 陈晋：《毛泽东读书笔记精讲（贰，哲学卷）》，广西人民出版社 2017 年版，第 206—207 页。

（三）什么是领导者战略思维

领导者战略思维仅在"战略思维"前面增加"领导者"三个字，这是对战略思维主体的限定。可见，领导者战略思维的主体是领导者。

"领导"既是动词又是名词，作动词时，指率领并引导人们朝着一定方向前进，如：领导人民从胜利走向另一个胜利。作名词时，指担任领导的人，如：领导者、领导和群众相结合。[①] 领导者战略思维所指则为名词意义上的领导，在这里，领导与领导者同义。关于什么是领导者，下面简要阐明五层意思。

第一，领导者因社会生产、社会劳动或共同劳动而生。领导者是领导活动的轴心，同时也是构成领导的重要因素。[②] 马克思指出：

> 一切规模较大的直接社会劳动或共同劳动，都或多或少地需要指挥，以协调个人的活动，并执行生产总体的运动——不同于这一总体的独立器官的运动——所产生的各种一般职能。一个单独的提琴手是自己指挥自己，一个乐队就需要一个乐队指挥。一旦从属于资本的劳动成为协作劳动，这种管理、监督和调节的职能，就成为资本的职能。这种管理的职能作为资本的特殊职能取得了特殊的性质。[③]

马克思告诉我们，任何连续的劳动形成一定规模或达到一定程度后，客观上自然就会产生和分化出对劳动进行指挥和协调的"独立器官的运动"。一方面，马克思肯定了管理劳动者确确实实参与了价值创造过程，也确确实实在价值创造过程中起到了不可替代的作用。另一方面，马克思还认

---

① 中国社会科学院语言研究所词典编辑室：《现代汉语词典》，商务印书馆1996年版，第807页。
② 华阅：《领导学》，中国商业出版社2010年版，第11页。
③ 马克思：《资本论》（第一卷），人民出版社1975年版，第367—368页。

为资本家管理劳动是作为执行职能的资本形式参与价值创造过程的。也就是说，马克思是在肯定管理劳动参与价值创造的前提下，再来分析价值分配的。

当然，马克思对这个问题的阐述，其目的并不是专门阐述领导和管理问题，而是为分析价值分配所作的铺垫。我们可以从马克思分析和阐述的过程中，认识到领导和管理是随着社会劳动或共同劳动的发展而产生的。因为较大规模的社会劳动或共同劳动，不是"一个单独的提琴手"在演奏，而是"一个乐队"在演奏。这样"一个乐队就需要一个乐队指挥"，这就涉及领导和管理问题。

马克思所讲的"管理劳动"也好，"乐队指挥"也罢，就是讲领导者。领导者承担着"管理、监督和调节"职能，承担着"乐队指挥"责任。领导者处于社会组织链条上的关键点位，是指挥和协调社会组织、统一意志和统一行动的引导力和驱动力。

第二，领导者与被领导者的矛盾是领导活动发展的根本动力。领导者只是构成领导活动的要素之一。从领导科学的视角看，在领导活动中，构成领导活动有三个基本要素，即领导者、被领导者和环境。有研究领导学的专家对这三个要素分别进行了定义，可以参阅，摘录如下：

> 领导者在领导活动中处于支配地位，即在构成领导的组织体系中，无论是个人领导或集体领导，领导者一定是处在决策、指挥、协调和控制的重要地位。
>
> 被领导者就是在领导者支配下从事具体实践活动的个人或集团。它是领导者决策和意图的最终执行者和实现领导的基本力量。一般说来，领导者与被领导者的关系就是权威与服从的关系。
>
> 环境是对领导活动产生直接或间接影响的各种因素。领导者要正确圆满地实现自己的既定目标，就必须要认识环境，自觉地

适应和更好地利用环境，并且不断改善和创造环境。①

前两者是主观要素，环境是客观要素。主观要素与客观要素是一对矛盾，领导者与被领导者是一对矛盾，领导者投入与被领导者执行两方面也是一对矛盾。这三对矛盾促进了领导活动的动态发展。

第三，领导者之所以与众不同是因为社会角色有其基本角色规定性。这些规定性包括领导者权威、职位、职权和职责。领导者依靠合法授权而获得的计划、组织、指挥、协调、控制以及监督的权威性和影响力，都可以从这些规定性上表现出来。

领导者权威是对权力的自愿服从和支持。对权力安排的服从，可能含有被迫的成分，对权威安排则属于认同。反对者可能不得不服从权力所作出的安排，但是服从不等于认同。权威则被认为是一种正当权力，也可以说是极具公众影响力的威望。领导者一定要有权威，恩格斯指出：

> 这里所说的权威，是指把别人的意志强加于我们；另一方面，权威又是以服从为前提的。②

领导权威能充分体现领导者与被领导者的关系，同时也能反映出被领导者对这种权力和威望的认可与悦服程度。

领导者职位是权力实施的"名分"条件。其职务和责任是两个不可分割的组成部分。职务必须依法授权而获得，只有担任某一职务，才具有对某部门或某项工作的指挥和统御权。责任必须依法承担，它意味着担任某组织或单位的领导者，就对该组织或单位负有领导责任。

领导者职权是与领导职位相当的权力。职权对领导效率存在双向影响和制约。有职无权的领导者不可能充分发挥领导作用，而有权无职的领导

---

① 华阅：《领导学》，中国商业出版社 2010 年版，第 11 页。
② 马克思、恩格斯：《马克思恩格斯选集》，人民出版社 1972 年版，第 551 页。

者虽说能够发挥领导者作用，但如果未获得法律上认可或主管部门授权，那么会在很大程度上给领导工作造成混乱。

领导者职责是指领导者个人通过计划、组织、指挥、决策、用人、监督、评价等环节的工作，所负有的成功与失败的职责。领导者只有被赋予了一定的权力后，才可能具备支配性影响，而这种支配性影响则以获得一定职位而有了名分为前提。职位与职权的获得，并不是没有相应约束就可以随意享有的，领导者还必须担负起与名分和权力相当、能够反映其荣辱成败的个人负担，即领导责任。

第四，社会群体、组织和实践活动纷繁复杂导致领导者的分类也有所不同。大致来看，领导者因层次、现场或视角不同，可以划分不同类别。比如：

按领导权力对象分类，可以把领导分为直接领导和间接领导。

按领导活动的级别分类，有高层领导、中层领导和基层领导。

按领导的权威基础分类，有正式领导和非正式领导。

按领导活动领域分类，有政治领导、行政领导和业务领导。

按领导行业系统分类，可分为政府机关领导和企业领导等。[①]

这种认识只能说是为人们认识领导者分类提供了一个参考，于研究领导者战略思维意义不大。对领导者战略思维研究最有意义和价值的分类，是按行业将领导者分为党政机关领导者、企业领导者、社会组织领导者、基层领导者等。如此分类后，便于分类探讨领导者战略思维特殊规律。

第五，领导干部从属于领导者这个群体。因为领导干部通常指体制内

---

① 华阅：《领导学》，中国商业出版社 2010 年版，第 5 页。

具有一定职务或职级的党政干部，属于按行业系统分出来的政府机关和企业领导。因为领导者战略思维普遍规律存在于领导干部战略思维特殊规律之中，正如毛泽东在《矛盾论》中指出：

> 由于特殊的事物是和普遍的事物联结的，由于每一个事物内部不但包含了矛盾的特殊性，而且包含了矛盾的普遍性，普遍性即存在于特殊性之中，所以，当着我们研究一定事物的时候，就应当去发现这两方面及其互相联结，发现一事物内部的特殊性和普遍性的两方面及其互相联结，发现一事物和它以外的许多事物的互相联结。①

所以，研究领导干部战略思维有助于研究领导者战略思维。本书引用很多关于领导干部战略思维方面的研究成果和事例，目的是便于认识和理解领导者战略思维。因为不是做领导科学相关研究，所以对领导者概念仅做初步探讨。因为在战略思维一般规律研究上，各行各业各领域的领导者，大都是相通的，所以本书研究所指的领导者，既包括通常所理解的体制内领导者，也包括各行各业各领域的领导者。对领导者含义有了基本了解之后，就可以试着给领导者战略思维简单定义。简言之，领导者战略思维就是领导者对全局性、长远性问题，从了解情况、分析特点、寻找规律，到提出解决问题方法的思维过程。

二、有何研究基础

《孙子兵法》与领导者战略思维研究本质是传承和借鉴《孙子兵法》战略思维观遗产，从领导艺术角度，研究领导者战略思维过程，探索其必然

---

① 毛泽东：《毛泽东选集》（第一卷），人民出版社 1991 年版，第 318 页。

性、因果性和规律性的原则、目标、方法、能力、品质和境界。前人的研究对本书研究提供了什么基础呢？

以"孙子兵法""战略思维""领导者"三个关键词在中国知网搜索，截至 2020 年 2 月，仅搜索到 10 篇文献。其中期刊论文有 4 篇，硕士论文 4 篇，博士论文 2 篇；以"孙子兵法""战略思维""领导者"为关键词，仅能搜索到笔者或杨新博士（笔者导师）与笔者合作撰写的几篇关于《孙子兵法》与领导者战略思维的文章。由此看来，把《孙子兵法》与领导干部或领导者结合起来研究战略思维，还有十足的研究空间。因为战略思维在学界的研究本来就起步较晚，把《孙子兵法》与领导者战略思维结合起来的研究就更少见了。

多年来，军队理论研究者研究《孙子兵法》，多从校释、解读上下功夫，还有些人集中研究《孙子兵法》军事战略思想、军事战略智慧或军事战略思维，把这部兵学圣典当作一部纯粹的军事著作来研究，这也无可厚非。地方理论研究者则更多地是从哲学、管理学和伦理学角度研究这部兵学圣典。这样，两大研究群体并向而行，但将《孙子兵法》与领导者结合起来研究的成果就比较少见了。当然这也是情理之中的事。也正因为研究《孙子兵法》与领导者战略思维文献较少，所以在分析本书研究基础时，还得从探讨战略思维研究开始。

"战略思维"研究始于"军事战略思维"研究。《军事战略思维》一书（李际均，1998）是研究战略思维的开山之作，作者认为军事战略思维质量取决于军事实践经验、军事学术素养和掌握军事认识论和方法论，此观点适用于领导者战略思维。实践因素、理论素养和认识论方法论同样是领导者战略思维水平的决定因素。作者关于战略思维诸如政治性、整体性等九个特点的阐述，为研究领导者战略思维提供了认识基础。

战略思维研究侧重于战略思维能力研究。杨启国（2011）把辩证思维、系统思维和创新思维称为战略思维基本要素[①]，这与其他文献，包括甚至是重要领导人讲话中将这三种思维方式与战略思维并列相比，别具一格。因为辩证思维、系统思维与创新思维三者是从思维方法角度阐释，而战略思维不能仅仅看成是思维方法，更大程度上要理解为一种思维意识或思维类型，它与前三者不在一个层面。战略思维作为一种思维意识或类型，涵盖了辩证思维、系统思维和创新思维等方法。因此，将战略思维与其他三项并列，逻辑不顺畅。

赵开增（2005）对战略思维能力提升提出了真知灼见，如：强化全局观念，培养凡事谋全局的思维习惯；强化知识武装，掌握科学的世界观和方法论；强化思维锻炼，提高研究和分析问题的本领；强化信息追踪，开阔想问题做决策的眼界和空间；强化求真务实，保证战略思维科学准确。[②]后来查到文献讲提高战略思维能力，也多是从这几个方面探索，无出其右者。可见，赵开增的研究揭示了战略思维能力结构基本面，后人思考和研究基本延续赵开增的思路，没有从更深更高更系统的程度谈战略思维能力理论架构。因此，战略思维能力研究还有待于进一步深入和拓展。

不过，《大思维——解读中国古典战略》（于汝波，2001）、《孙子兵法战略思维》（杨新，2010）、《孙子兵法战略文化研究》（杨新，2012）等书，对战略思维能力有一些研究成果，特别是《军事战略思维研究》（杨新，2009）系统研究了军队中高级领导者的军事战略思维能力理想架构，具有较高的学术价值。还有文章认为，战略思维是一种大智慧、大谋略、大本领，是领导者能力和素质的重要体现。领导者提高战略思维能力，有助于争取主动、转变作风、成就大业。[③]这些分析，既结合了领导者实际，又更加接近战略思维特质，尤其在提高战略思维能力措施时提出"借鉴它山之石"，比较有新意。

① 杨启国：《领导干部战略思维能力培养》，中国人事出版社2011年版。
② 赵开增：《领导干部要增强战略思维能力》，《光明日报》，2005年4月27日。
③ 邱敦红：《领导干部要重视提高战略思维能力》，《光明日报》，2012年2月22日。

　　杨天英（2009）在论述战略思维方法时，既分析了战略思维的古代方法，又分析了战略思维的现代方法。[①] 作者将战略思维古代方法归结为八卦法、占卜法、阴阳五行法和四柱预测法，将古代战略思维内容列入战略思维研究范围，这是发前人之未发。只是其列举的内容不能称为战略思维方法，最多是思维方法而已。古代战略思维的研究文献中，真正具有战略思维研究价值的是《孙子兵法》。当然，杨天英所归纳的方法，尽管不是真正意义上的战略思维方法，但是在研究视野上，已经开始向古代思维方法延伸，这是一个突破性的进展。

　　日本对《孙子兵法》的研究相对趋利，没有深入挖掘《孙子兵法》的战略思维方面的价值。《孙子兵法》传到日本后的相当一段时间内，被当作"秘书"，这里的"秘"是秘密的"秘"。也正因为是"秘书"，因而没有形成系统的研究成果。德川幕府重视以文武一致为理想武士风范，因而形成了《孙子兵法》研究热潮。二战前后《孙子兵法》研究逐渐成为显学，尤其在20世纪60年代，日本经济高速发展时期，更加注重将《孙子兵法》应用于企业管理，这也是由当时日本经济社会发展现状所决定的。因为日本在《孙子兵法》研究方面过于趋利，所以至今并没有掌握其真谛，这非常可惜。这也从某种程度上说明，如果对问题的研究过于趋利的话，那么往往会把握不住事物研究的根本，甚至可能弄巧成拙。

　　西方对《孙子兵法》的研究受制于译本质量。西方对《孙子兵法》的认识和了解归功于英译本，自1905年到20世纪末，共产生了13种不同的英译本，20世纪《孙子兵法》英译本可以大致划分草创期、成熟期、繁荣期，其发展促进了西方《孙子兵法》研究质量提升。然而，中西文化鸿沟与语境差异导致国外研究成果明显缺失。《孙子兵法》是文言文，加上中国国内流传版本繁多，且各种版本又有认识差异，增加了版本选择困难。译作的良莠不齐和语言上的障碍，也增大了阅读和传播的困难。

---

　　① 杨天英：《论领导干部战略思维的特征与方法》，《消费导刊》，2009年第3期。

在综合分析国内外研究现状基础上，可以探讨和发掘本书的研究空间：

（1）系统研究《孙子兵法》战略思维观遗产，可以弥补碎片化，传承《孙子兵法》的不足；

（2）将《孙子兵法》战略思维观遗产与增强领导者战略思维结合起来，可以拓展研究视阈；

（3）运用《孙子兵法》战略思维观遗产，解决领导者战略思维缺乏的问题，其问题导向鲜明，有益于开拓《孙子兵法》研究新天地。

本书所阐述内容，概括起来就是"3w"。即：

（1）何事（what）；

（2）为何（why）；

（3）如何（how）。

具体来说，就是思考4个问题：

（1）什么是领导者战略思维；

（2）为什么说领导者战略思维缺乏；

（3）《孙子兵法》战略思维观遗产是什么；

（4）如何传承《孙子兵法》战略思维观遗产，增强领导者战略思维。

本书研究核心思想是：以《孙子兵法》战略思维观遗产为"矢"，攻领导者战略思维意识缺乏之"的"，探索增强领导者战略思维方法途径。

全书分三大块：

第一，导论。阐述何谓领导者战略思维，有何研究基础，有"的"放"矢"何以成为可能。

第二，"矢"和"的"分别是什么。"矢"是《孙子兵法》战略思维观遗产。《孙子兵法》蕴藏着丰富的战略思想和战略智慧，但这些战略思想和战略智慧背后隐藏着哪些战略思维观呢？如：思维主体观是"主孰有道""将孰有能"；思维客体观是"国之大事""存亡之道"；思维目标观是"安国全军""利合于主"；思维方法观是"知彼知己""五事七计"；思维决策观是"伐谋伐交""先胜易胜"；思维境界观是"不战而胜""全胜为上"；思维品质观是

"进不求名""退不避罪"等。"的"是领导者战略思维缺乏问题。提出领导者战略思维缺乏问题，分析表现与原因，阐明研究领导者战略思维的重要性和紧迫性。

第三，如何做到有"的"放"矢"。这一部分主要从原则、目标、方法、能力、境界和品质六个方面探讨如何有"的"放"矢"。

需要强调的是，本书的研究，也仅仅是一种解释和说明。研究是什么，意义又是什么？法国战略学家博佛尔在《行动战略》一书中曾指出：

> "研究就是了解和解释。"（To study is to understand and to ex-plain.）

能够帮助读者了解《孙子兵法》战略思想和战略智慧背后的战略思维，并将这些成果应用于解释说明领导者战略思维原则、目标、方法、能力、境界和品质问题，也就达成了本书研究的目的。

读这本书，可以通过接受《孙子兵法》的熏陶，对领导者战略思维修炼起到潜移默化的作用，以引导读者不断从《孙子兵法》中汲取营养，在战略思维殿堂里遨游。就全书设计而言，重点是借鉴《孙子兵法》战略思维观，探讨如何提振领导者战略思维意识，提升领导者战略思维能力，提高领导者战略思维水平。

三、有的放矢何以可能

以《孙子兵法》战略思维观遗产为"矢"，攻领导者战略思维缺乏之"的"，是本书写作的目的。《孙子兵法》虽然本质上是一部兵书，但书中有很多思想、观点、词语已经完全融入人们生活当中，它是中国传统文化的重要组成部分，影响着人们的思想、观念、学习、工作和生活。比如，在授课时，现场调查发现一个有趣的现象，那就是很少有学员读过《孙子兵法》，通读的更是微乎其微，但大都知道《孙子兵法》，尤其对"知彼知己，百战不殆""进不求名，退不避罪"等经典名句都非常熟悉。可见，尽管《孙子兵法》已经融入人们的生活之中，但大部分人却无深入了解。

（一）领导者战略思维培养的需要

领导者完全可以从《孙子兵法》中汲取营养和智慧。比如，关于战略思维目标，孙武提出"安国全军、利合于主"。领导者可以从中学习如何确立利长远、利大利、利公利战略思维目标。关于战略思维方法，孙武提出"知彼知己""五事七计"。领导者可以从中学习如何调查研究，如何了解情况，如何做好战略筹划。关于战略思维决策，孙武提出"伐谋伐交，先胜易胜"，领导者可以跟着孙武学习如何决策。关于战略思维境界，孙武提出"不战而胜，全胜为上"。领导者对《孙子兵法》的整体把握中，学习孙武慎战、知战、控战、胜战和不战五重战略思维境界。关于战略思维品质，孙武提出"进不求名，退不避罪"。领导者可以结合时代需要，思考如何担当，如何匡正"三观"，做一名忠诚、干净、有担当的领导者。总结梳理《孙子兵法》文本、思想体系，不难发现，这些思想体系背后隐藏着精妙的战略智慧，构成一个丰富的体系，这些精妙的战略智慧背后体现的是缜密的战略思维。

如果领导者掌握了《孙子兵法》战略思维，无论是对于处理经济社会发展中的矛盾，还是实现个人价值与社会价值的有益结合，都是大有裨益的。比如，"不战而屈人之兵"思想，不仅影响着中国人，而且深刻影响着西方人。英国战略学家利德尔·哈特就非常推崇这个观点。在其战略学著作《战略论》中，前言部分整版引用《孙子兵法》原文，而且在正文中多次引用《孙子兵法》的观点。又如，我们日常生活中经常用到的"知彼知己，百战不殆""出其不意，攻其不备""致人而不致于人""出奇制胜"等，这些观点在管理学、心理学、经济学等领域也经常出现。

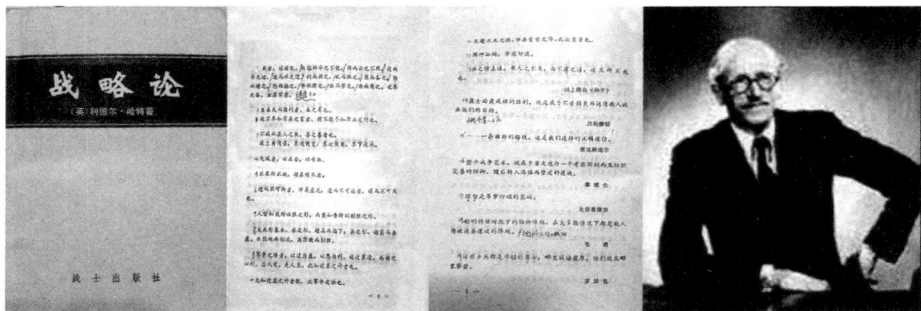

图 0-4

利德尔·哈特，英国军事理论家、战略家。毕业于剑桥大学。第一次世界大战爆发后参军。1916 年负伤，就医中开始研究军事，在战术上提出过"洪水泛滥式"的进攻方法。1927 年以上尉衔退役。曾任《每日电讯报》军事记者和《泰晤士报》军事顾问。在军事理论上较早倡议"机械化制胜论"，强调装甲坦克和机械化部队将起决定性作用。1937 年任陆军大臣的顾问，致力于军事改革，因同一些将领意见不合而辞职。在其著作《战略论》开篇"军事学家语录"中，大量引用《孙子兵法》原文。

对《孙子兵法》的扬弃，利德尔·哈特也好，日本企业家也罢，都没有完全把握《孙子兵法》战略思维本质，而仅仅从胜战或趋利的角度应用《孙子兵法》，这都是不全面的。他们用"拿来主义"的方法思考问题，自己需要什么就研究什么，自己在实践中遇到什么问题，就想从《孙子兵法》中找到可以套用的方法。真正要把握《孙子兵法》战略思维本质，则需要从整体上把握《孙子兵法》战略思维原则、目标、方法、能力、境界和品质。

（二）历史惊人相似

马克思有句经典名言："历史上常常有惊人的相似之处。"所以今天领导者完全可以从《孙子兵法》中汲取丰富的营养和智慧。

汲取什么营养和智慧呢？套用《孙子兵法》中关于作战、行军等观点吗？显然不现实。因为孙武所处的时代是冷兵器时代，而今天所处的时代主题是和平与发展，当然不能套用。盲目套用，就会犯刻舟求剑的错误。只是我们一定要认识到，《孙子兵法》所揭示的一般规律，尤其是战略思想背后所蕴藏的战略思维，会让后人受用无穷。

（三）简单推论

毛泽东认为，领导者的责任，归结起来，主要地是出主意、用干部两件事。[1] 说到底就是领导者比群众有更多的办法或主意解决问题或化解矛盾。为什么领导者会有更多的办法或主意呢？因为领导掌握了战略思维，所以对问题的处理或矛盾的化解就游刃有余。

为什么说掌握了战略思维，处理问题或化解一般性矛盾就会游刃有余呢？

引用毛泽东的三句话，进而得出一个有启发的结论，以回答上述问题。毛泽东讲过：

> 矛盾的普遍性或绝对性这个问题有两方面的意义。其一是说，矛盾存在于一切事物的发展过程中；其二是说，每一事物的发展过程中存在着自始至终的矛盾运动。[2]
>
> 战争——从有私有财产和有阶级以来就开始了的，用以解决阶级和阶级、民族和民族、国家和国家、政治集团和政治集团之间，在一定发展阶段上的矛盾的一种最高斗争形式。[3]
>
> 战略问题是研究战争全局的规律的东西。[4]

第一句话强调矛盾普遍性，第二句话强调战争是矛盾最高形式，第三

---

[1] 毛泽东：《毛泽东选集》（第二卷），人民出版社1991年版，第527页。
[2] 毛泽东：《毛泽东选集》（第一卷），人民出版社1991年版，第305页。
[3] 毛泽东：《毛泽东选集》（第一卷），人民出版社1991年版，第171页。
[4] 毛泽东：《毛泽东选集》（第一卷），人民出版社1991年版，第175页。

句话强调战略是战争指导。乍一看，这三句话分别讲矛盾、战争和战略，认真分析呢，则可以由此推导出一个结论：战争是矛盾斗争最高形式，战略是战争指导，如果掌握了战略，那么化解其他矛盾就会游刃有余。

为什么呢？因为世界是矛盾的统一体，战争是矛盾斗争最高形式的一种，战略思想是这个最高形式矛盾斗争的理论指导。如果掌握了战略，化解其他矛盾，就会感觉"会当凌绝顶，一览众山小"，当然就游刃有余。打个比方说，会做高等数学的微积分了，难道还怕小学算术题吗？同理，掌握战略思维之后，就可以游刃有余地化解其他矛盾。

（四）有"的"放"矢"关键点

立足点是合利而动。战略思维不是抽象的而是具体的，有具体的原则、目标、方法、能力、品质和境界。其立足点就是合利而动。当然，这里讲的利，是大利、公利和长远之利，而不是小利、私利和短期之利。古人讲，"计利当计天下利，求名当求万世名"，讲的就是这个意思。孙武讲"合于利而动，不合于利而止"，便是战略思维立足点，后人切莫误解孙武所讲的"利"。

切入点是以大看小。大，就是系统，是全局；小是要素，是局部。从大看小就是要放眼整体，总揽全局。站在全局高度去处理全局与局部、局部与局部的关系。我们常讲，有矛盾或分歧时，要善于寻找最大公约数。什么是最大公约数呢？最大公约数就是寻找各方交集点，各方都有利的那个点；如果各方各执一端，受损的是各方，如果寻找最大公约数，则可以实现双赢或多赢。这里讲的最大公约数，是超越各方的全局。从最大公约数去看矛盾和分歧各方，问题就容易解决了。

着眼点是从长看短。长就是未来，短就是当前。从长看短就是要面向未来看现在，用长远观点、发展观点来对待眼前和现实问题，而不能鼠目寸光，就事论事。在工作中遇到矛盾或分歧，尤其是那些异常复杂一时难以解决的问题，有人常用"拖"来应对。"拖"是什么好方法呢？"拖"是静待其变,"拖"是等待时机,是用发展观点看待现实问题。因为一"拖",情况就会发生变化,无论是对对方还是对己方,情势都会发生变化的。只要一变,就有解决问题的可能。这就是从长看短。当然,对于群众急需解决的问题,还是得发扬"马上就办"的精神,"拖"不得。

着重点是统筹兼顾。所谓统筹兼顾,就是既要看到面临的有利条件、拥有的优势和决策带来的效益,又要看到面临不利条件、劣势和决策后带来的负面效应。既要看到一个领域的优势和不足,也要看到另一个领域的长处和短处,善用辩证思维,全面地而不是片面地、运动地而不是静止地、联系地而不是孤立地认识和处理问题。正如孙武所言:"不尽知用兵之害者,不尽知用兵之利,智者之虑,必杂于利害。"① "杂"就是统筹的意思。

基本点是左右照应。所谓左右照应,就是既要考虑所要做的事情本身,又要考虑它所涉及的相关因素。要善于用联系的观点分析问题和解决问题。因为任何事物都不是孤立地存在着,它们都处在普遍联系之中,相互作用,相互制约,影响着事物的变化和发展。因此,领导者只有善于多向思维,全方位思考问题,才能提高战略思维能力。

---

① 吴九龙:《孙子校释》,军事科学出版社 1991 年版,第 23 页。

第一章　有的放矢之"的"

有的放矢之"的"为领导者战略思维的漠视与缺乏。马克思说过:问题就是时代的口号。研究需要浓厚的问题意识,要在实践中发现问题,在探索中提出问题,以历史勇气直面问题,以责任担当研究问题,以政治智慧回答问题,以实干精神推动问题的解决。那么,提出领导者战略思维问题的根据是什么呢?根据就是部分领导者战略思维的缺乏和对战略思维的漠视。

一、领导者战略思维缺乏令人扼腕

前几年,笔者尝试在市委党校开设领导者战略思维专题授课课程,备课期间专门做了调研。调研对象主要是市委党校中青班学员,调研内容为领导者如何认识战略思维,领导者战略思维缺乏主要表现有哪些。结果完全出乎意料。

有学员告诉我,市委党校的学员,级别最高为副县级干部,一般为科级干部,这个级别的干部谈不上什么战略思维,也不需要战略思维,战略思维是高级领导者的事;有学员告诉我,守土有责,干部做好本职工作,能够完成上级部署的任务就够了,思考战略问题简直就是杞人忧天;还有学员告诉我,战略思维太虚了,干部最好做些实实在在的事情,市委党校讲这样的专题,意义不大;等等。后来我又了解一些兄弟党校开设战略思维课程的情况,情况与我调研的情况差不多。一是学员漠视战略思维,二是教务管理部门对此有认识,但开不出相关课程。

实际上，中共中央党校（国家行政学院）的教学布局中要求"以强化全局观念和应对复杂局面为重点培养学员的战略思维"。[①] 关于党校教学布局，从 2000 年 6 月中共中央作出《关于面向 21 世纪加强和改进党校工作的决定》，确立了"一个中心，四个方面"的党校教学布局，到 2008 年《中国共产党党校工作条例》，再到 2019 年《中国共产党党校（行政学院）工作条例》，战略思维都属于党校教学布局的重要内容。尽管教务部门对此有所认识，但苦于教材和师资缺乏，省市县（区）党校教学培训中，很难开发出这样的专题。

2019 年长沙市经理进修学院在中共长沙市委党校成立后，全年举办企业家培训 10 期，培训全市各类企业家 1039 名。在培训需求调研中，我们了解到企业领导者普遍对战略思维问题很感兴趣，对战略思维相关课程非常期盼。但在培训过程中，又发现两个问题：一是企业领导者对战略思维的关注，更多的是关注企业如何在激烈的市场竞争中致胜、增效和盈利。二是企业培训的师资讲战略思维，更多的是从经济学、管理学、市场营销学等视角看待和研究这些问题，很难把握战略思维全局性和长远性特征。

这些问题的出现，恰恰证明了学员对战略思维的漠视，恰恰显示了中央党校将战略思维列为党校学员学习内容的重要意义。学员对战略思维本身的不了解，对战略思维意义和价值的忽视，导致他们对此产生了一些误解。也恰恰证明了某些研究和讲解领导者战略思维的师资，并没有从根本上把握战略思维真谛，对战略思维的认识和理解还存在偏差与不足。因此，既有必要对此进行系统深入研究思考，也有必要在党校或企业领导者培训中开设领导者战略思维相关课程。

---

① 本书编写组：《中国共产党党校（行政学院）工作条例》辅导读本，中共中央党校出版社 2019 年版，第 76 页。

二、领导者战略思维缺乏的主要表现

领导者战略思维缺乏的主要表现有以下六点。

表现之一：一叶障目。只见树木，不见森林，这是在处理全局和局部关系问题上表现出来的片面性。地方保护主义和部门利益至上的思想较重，思考问题往往从地区或部门的利益出发，搞地区封锁、部门垄断，或者不让紧缺的产品流向外地，或者不让外地的优质产品进入本地市场，或对外地产品采取歧视性措施，人为地分割市场；某些带有资源垄断性的部门和市场集中度较高的部门搞价格垄断。他们把部门利益、行业利益等同于国家利益，或者打着维护国家利益的旗号，行维护本部门、本行业利益之实。

表现之二：目光短浅。只顾眼前，不顾长远，这是在处理眼前利益与长远利益关系上表现出来的片面性。有些人习惯于用狭隘的眼光观察问题，习惯于为眼前的近期的事务忙忙碌碌，看不到国家发展大势，也看不到国际格局发生的巨大变化，尤其看不到这些大势和大变化给发展带来的机遇和挑战。对任内政绩考虑过多，对长远利益考虑较少，有的甚至搞短期行为，或急功近利，不惜损害长远利益或全局利益。

表现之三："一刀切"。工作中习惯于用划一的办法处理不同性质或不同情况的问题，这是在处理普遍性与特殊性、共性与个性的关系上表现出来的片面性。错误在哪里呢？在于割裂了普遍性与特殊性、共性与个性的辩证关系。实际上，这些年来，大家对"一刀切"的片面性倾向在理论上作过批判，在实践中作过纠正，但是，某些领导者总是自觉或不自觉地反复犯着同样的毛病，习惯于用"一刀切"简单行事。各地区各部门情况千差万别，贯彻落实中央方针政策应当结合本地区、本部门实际情况，找出切实可行的办法和措施，而不能上下一般粗，不管具体条件，简单地使用行政命令的办法，搞一个标准，一个模式。"一刀切"不仅是懒政行为，更是缺乏战略思维的体现。

表现之四：左支右绌。处理问题非此即彼，顾此失彼，这是在忽视矛盾的对立统一性问题上表现出来的片面性。矛盾具有对立性，也具有统一性。矛盾双方既互相依存，又互相排斥。用矛盾的方法去解决问题，就要把矛盾的两方面放在对立统一体中去把握。现实生活中，有人只注意矛盾此方，忽视矛盾彼方，出现问题后，又转向注意彼方而忽视此方，造成非此即彼、顾此失彼，犯了从一个极端跳到另一个极端的错误。

表现之五：重利轻义。在社会效益与经济效益的关系上，过于注重经济效益忽视社会效益，违反基本的道德准则。这个问题的根本原因出在义利观上。义与利是中国哲学中的一个重大问题。中国传统文化一向强调正确处理义利的关系。孔子说，"君子义以为上"；墨子则提出"义，利也"，阐明"义"与"利"的统一性；孟子说，"生亦我所欲也，义亦我所欲也；二者不可得兼，舍生而取义者也"；等等。可以说，重义轻利、先义后利、取利有道，是中华民族数千年来一以贯之的道德准则和行为规范。

表现之六：德不配位。为什么一个单位或一家企业，有的领导者坐在这个位置上很和谐，很太平，为什么有的领导者坐上这个位置以后，就接二连三地出问题，内部也不和谐呢？有些领导者带着团队干得很开心，团队很和谐，即便工作量大，大家也不抱怨。换了一个领导，虽然也一心想提高福利，而且不让大家累着、饿着、渴着，可是为什么大家却不愿意跟着他干，很多人还想唱反调呢？人们通常认为是福报不够，其实福报就是德行。有的领导者宁愿承认福报不够，也不承认德不配位。孙武强调"不战而屈人之兵"，不是以力服人，而是以德服人。孙武强调的"诡道"，是受道德制约的诡道。"地势坤，君子以厚德载物。"①"德"是涵盖了诚信、仁义等一切美好品行的道德范畴。"德"成为中国优秀传统文化的核心概念。其价值原则，包括"道之以德，齐之以礼，有耻且格"的王道原则；"民为贵，社稷次之，君为轻"的民本原则；"大学之道在明明德，在亲民，在止于至

---

① 黄寿祺、张善文：《周易译注》，上海古籍出版社1989年版，第27页。

善"的道德纲领。领导者增强战略思维，也需要汲取传统文化的营养，领会德之要义，加强德之修炼。

以上问题的产生，有人认为是方法上的问题，只要改进方法即可解决。有人认为是时间问题，经过一个发展过程，问题自然就解决了。笔者倒是认为，这些原因都不是主要的，主要还是出在战略思维的缺乏和对战略思维的漠视上。

三、领导者战略思维缺乏的原因探讨

一般而论，人们习惯性地从主观客观两方面去寻找问题产生的原因。主观方面的条件可以通过自身主观上的努力而不断改善，客观原因则不然，因为客观条件难以通过自身努力而改变，而且客观条件也有不能随便改变或丝毫容不得改变的时候，既然改变不了或不能改变客观环境，就只有改变主观努力。一言以蔽之，改变不了环境，也改变不了别人，那就只有改变自己。当然，改变也不能丧失原则。

领导者战略思维更多强调主观意识，大凡在主观上做些细微努力，都能产生四两拨千斤的效果。这样认识需要努力避免另一个问题，那就是忽视问题的主要方面和次要方面，甚至可能将主要方面和次要方面本末倒置的问题。就探讨领导者战略思维制约因素这个问题而言，从主观上寻找领导者战略思维制约因素是主要的，而从客观方面寻找领导者战略思维制约因素则是次要的。

思维本身就是人的主观意识在大脑里对客观事物的反映。主观意识能不能充分反映客观现实，主观意识怎样去反映客观现实，这些问题都是人的主观决定的。作为领导者敢不敢反映客观现实，就是敢不敢担当的问题，能不能正确反映客观现实，就是能力和素质的问题，怎样去反映客观现实，这是操作层面的问题。

制约领导者战略思维的因素，客观原因如：少有战略实践的机会，问题想大了可能被认为是好高骛远，不切实际。当然，这些也是原因，但不是主要的，制约领导者战略思维的因素，更应该从主观方面去寻找，主要分如下六个方面：

一是淡薄宗旨，主观上缺乏坚定的理想信念。党的宗旨意识、理想信念是党员干部的政治素质。领导者要胸怀全局，谋划未来，必须牢记党的纲领、宗旨，以人民利益为重，这是领导者进行战略思维的思想政治基础。而少数领导者先进性意识淡薄，理想信念不坚定，宗旨观念不牢固，不能深刻理解马克思主义的真理性和科学性，不能准确把握中国特色社会主义建设规律性，不能正确认识社会发展的历史进程，等等，进而导致"信念、信仰、信心"的三重危机，这是严重影响领导者总揽全局能力的重要因素。

二是脱离实际，主观上缺乏辩证思维方式。从实际出发，尊重客观规律，是马克思主义认识论基本要求。但也必须看到，客观实际是不断变化发展的，并非一成不变。邓小平同志说过：

> 按照实际情况决定工作方针，这是一切共产党员所必须牢牢
> 记住的最基本的思想方法、工作方法。①

一些领导者在认识事物、分析事物的过程中，往往忽视了战略思维的客观性。同时，不能够用辩证思维方式去把握处在变化发展中的客观实际，这样就容易产生主观主义，从而导致战略上的重大偏差和失误。

三是忽视民主，主观上缺乏科学领导方法。领导者在做重大决策时，要实行"民主决策、民主管理、民主监督"，要听民言、集民智、思民权，这是领导统筹协调，进行谋划，提高领导水平的有效途径。但是，少数领导者在战略规划时，往往忽视民主基础，不能集思广益、运筹帷幄，常常

---

① 邓小平：《邓小平文选》（第二卷），人民出版社 1993 年版，第 114 页。

是凭个人经验，按个人意志办事，搞个人说了算。这种缺乏民主的经验主义、家长制作风是影响领导者战略思维的主要因素。

四是强调形象，主观上缺乏求真务实的精神。求真务实是党的思想路线的具体体现。讲求实效而不空谈，是我党必须始终坚持的优良作风。而我们少数领导者热衷于搞"形象工程""政绩工程"，做表面文章，哗众取宠、追名逐利，这种形式主义，直接影响到领导者对全局的谋划以及政策的制定。

五是好大喜功，主观上缺乏久久为功的定力。期望工作中取得实绩，期望取得成效，这都是良好的愿望。但如果为了尽快取得实绩或成效，不愿意做打基础、谋长远的工作，则可能只是利眼前，不利长远；利局部，不利大局。这都是领导者要努力避免的。

六是过于逐利，主观上摆脱不了人性的扭曲与黑暗。马克思说"那末，资本来到世间，从头到脚，每个毛孔都滴着血和肮脏的东西"[①]，在这句话的注释中，马克思引用托·约·登宁在《工联与罢工》的话阐明资本的本性。他说：

> 《评论家季刊》说："资本逃避动乱和纷争，它的本性是胆怯的。这是真的，但还不是全部真理。资本害怕没有利润或利润太少，就象自然界害怕真空一样。一旦有适当的利润，资本就胆大起来。如果有百分之十的利润，它就保证被到处使用；有百分之二十的利润，它就活跃起来；有百分之五十的利润，它就铤而走险；为了百分之一百的利润，它就敢践踏一切人间法律；有百分之三百的利润，它就敢犯任何罪行，甚至冒绞首的危险。如果动乱和纷争能带来利润，它就会鼓励动乱和纷争。走私和贩卖奴隶就是证明。"（托·约·登宁：《工联和罢工》，1860 年伦敦版，第

[①] 马克思：《资本论》（第一卷），人民出版社 1975 年版，第 829 页。

35、36 页）①

现实中很多领导者，就是在这个问题上栽了大跟头，即便是没有栽大跟头，也要以这段话为戒。

四、增强领导者战略思维的重要意义

第一，增强领导者战略思维有助于争取主动。在目前国际环境错综复杂、机遇和挑战并存的新形势下，要维护来之不易的发展局面和安全环境，在激烈竞争特别是大国博弈中赢得主动，每一步都离不开战略思维。全面建成小康社会、建设社会主义现代化强国、实现中华民族伟大复兴中国梦，还有一系列重大问题需要进行战略谋划。

第二，增强领导者战略思维有助于转变作风。将战略思维能力运用到实际工作中，就是要善于把解决具体问题与解决深层次问题结合起来，不能头痛医头，脚痛医脚；就是要善于把局部利益放在全局利益中去把握，不能只见树木，不见森林；就是要善于把眼前需要与长远谋划统一起来，不能急功近利，投机取巧；就是要善于把日常工作与想大事、抓大事结合起来，不能事无巨细，碌碌无为。所谓"细节决定成败"要全面辩证地看，"细节"只有在战略方向正确的前提下才有决定意义，如果犯了战略性错误，具体操作越细后果会越糟。有一些领导者只顾眼前利益搞"形象工程""政绩工程"，只讲局部利益搞"上有政策、下有对策"，以及文山会海、迎来送往等形式主义，重要原因就是缺乏战略思维能力。

第三，增强领导者战略思维有助于增强后劲。一切工作都有局部与全局、眼前与长远、现象与本质的关系问题，每个领导者都应具备战略思维能力。一个地区、一个部门、一个单位的工作，如果仅仅从局部、眼前、

---

① 马克思：《资本论》（第一卷），人民出版社 1975 年版，第 829 页。

现象上看问题，必然站得不高、看得不远、想得不深，也就提不出真知灼见，工作必然是得过且过，打不开局面。发展后劲在哪？就在于对问题的长远思考和全面思考。

一个成功的企业家的发展，其战略思维表现在善于聚集。中国有很多企业做战略纯粹是抓机会，但抓机会只能是"狗熊掰棒子"，不聚焦。譬如华为就不是纯粹的机会导向。如任正非讲的，一旦发现了战略机会，就不在非战略机会上浪费时间和资源。一旦力量聚集了，就要敢于应对和化解发展过程中的矛盾和困难。

如何应对？如何化解？如何在变化难测的发展道路上，保持战略定力？这都需要各级领导者增强战略思维。只有增强战略思维，才能够适应这种新形势，只有提高战略思维能力，才能有效化解新形势下带来的新问题。而《孙子兵法》战略思想背后所隐藏的战略思维遗产，能够给人以启发和借鉴。

战略思维是一种大智慧、大谋略、大本领，是领导者能力和素质的重要体现。它要求领导者从讲政治、谋全局、顾长远、抓根本的高度，更加积极主动地做好领导工作。中国共产党历来擅长于战略思维，能够在历史发展的关键时刻准确判断内外形势，及时抓住战略机遇，妥善应对复杂局面，明确提出战略任务，适时实现战略转变，成就了革命、建设和改革事业的丰功伟绩。

更为重要的是，基层也需要战略思维。通过调研发现，很多领导者认为，战略思维是高级干部或统帅的事，一般领导者或普通干部谈不上战略思维，工作生活中也用不上。果真如此吗？是不是只有高级干部才需要战略思维呢？那不一定。

第一，战略思维中所讲的大局是相对的。多大的局才是大局呢？没有一个固定的标准。所谓大局，既是大局也是小局，因为大小是相对的。我一直记得二十多年前，在安阳某部金汤桥连当战士时，一位老首长来连队看望战士，给战士们讲过这样一段话：

都说不想当将军的士兵不是好士兵，这话怎么理解呢？我的理解是：战士要提高思维水平至少要参照连长的思维水平，班长要提高思维水平至少要参照营长的思维水平，排长要提高思维水平至少要参照团长的思维水平，连长要提高思维水平至少要参照师长的思维水平，以此类推。

老首长的这段话，就强调了大局的相对性。战士心中的大局，至少应该是连队，而不能限制在班或排。班长的大局至少应该是营，而不能限制在排或连，以此类推。领导者的大局是什么？笔者认为，大局也应该是具体的，而不是抽象的，至少要往上想两到三个层级。即：自己所在层级向上推两到三个层级以上就是自己可以而且应该思考的大局。

第二，战略思维要求朝大处想，往往能找到解决问题之道。这是人的基本素质，无论是领导者还是普通员工，都应该做到这一点。如果是领导者，凡事朝大处想，认识问题、思考问题、处理问题就会站得高一些，看得远一些，在处理或化解矛盾的时候，也就会从更高或更大一个层次去寻找最大公约数。找到了公约数，也就找到了处理问题或化解矛盾的办法。

譬如，同一单位两个部门之间有矛盾，当然这个矛盾有可能是工作协调上的矛盾，也可能是部门领导之间个性差异的矛盾。矛盾产生后，如果仅仅站在部门或个人的角度思考这个问题，就永远找不到最大公约数，也永远找不到化解矛盾或解决问题的办法。但是，如果矛盾双方但凡有一方具备朝大处想的基本素质，这个问题也就好解决，这个矛盾也就好化解。

这个朝大处想的大处，今天就是要增强"四个意识"、坚定"四个自信"、做到"两个维护"。对党和国家的事业来说，就是最大的大处。朝大处想，就是要恰如其分地朝着更高一点的层次思考问题和处理问题。如：处理部门之间的矛盾，如果站在单位发展全局思考，朝着推动单位发展角度思考，这些矛盾都是可以忽略不计的，更不用说朝更大的大处去想了。

第三，系统组织指挥的扁平化决定了系统各层级均需要战略思维。指挥扁平化是信息化条件下作战指挥的一个专有名词，将其运用于非军事领域，也有较强的实践价值。今天的社会是一个信息化高度发达的社会，今天的世界潮流，是全球一体化、区域一体化深度推进的大趋势，为了适应这个潮流，为了顺应这个趋势，必须要求各级领导者具备战略思维。

譬如管理一家单位或公司，虽然层级管理仍然是主流管理思想，也是效率较高的一种管理方式，但越级指挥或越级汇报情况、跨界了解情况的现象也是常见的。在信息化发展日趋成熟的社会，领导者和被领导者、管理者和被管理者，都应该逐步适应这种发展。战略思维在这样的环境或氛围中就显得尤其重要了，它也是适应这种扁平化指挥现实的需要。

第四，高级干部来源于基层干部。罗马帝国的形成绝对不是一瞬间的事，干部成长也是如此，并非一两天成长起来的。干部多从基层一步一步成长起来。成长的过程，也是战略思维层次不断提高的过程。

领导者处于基层工作岗位的时候，有意识培养战略思维，将对成长有百益而无一害。我们常常听某某高级领导者讲述一些自己或别人的逸事，这些逸事有一个共同点，就是多发生在当基层干部的时候。也就是说，领导者在基层任职的时候，就已经显露出高层领导者的潜质了。这种潜质，很大程度上讲就是战略思维。

领导者从《孙子兵法》中汲取战略思维的丰富营养，这是适应时代变化的需要，适应事业发展的需要，同时，也是领导者追求完美人生的需要。

第二章　有的放矢之"矢"

有的放矢之"矢"为《孙子兵法》战略思维观遗产。领导者要提高战略思维能力，而战略思维观念与战略思维能力是紧密相连的，它是战略思维的基本范畴，是整个战略思维活动的支撑点。它不仅决定了战略思维的展开路径和方式、方法，而且提供了思维主体认识、思考、研究战略问题的视角，规定了思维主体对客观材料的选择、取舍。因此考察与探索战略思维观念问题，是提高战略思维能力需要解决的首要问题。探讨《孙子兵法》战略思维观对揭示战略思维本质、构建领导者战略思维理论体系，以及培养领导者战略思维能力具有重要意义。

一、主体观："主孰有道""知兵之将"

战略思维是对全局性、长远性问题，从了解情况、分析特点，到提出解决问题方法的思维过程。《孙子兵法》开篇指出"兵者，国之大事也。死生之地，存亡之道，不可不察也"[①]，此论断明确了领导者战略思维的活动客体及对象。其战略思维客体及对象是"国之大事""存亡之道"，即关于战争本身的规律，以及如何从事战争的思维活动。正因为其重要，所以"不可不察"。谁来"察"呢？这就是提出了战略思维主体问题。主体是谁呢？

孙武强调"主孰有道，将孰有能""将军之事，静以幽，正以治"[②]，其中"幽"就是强调战略思维主体的深谋远虑。"主""将"相当于现代战

---

① 吴九龙：《孙子校释》，军事科学出版社1991年版，第2页。
② 吴九龙：《孙子校释》，军事科学出版社1991年版，第202页。

争主体中的最高决策者、决策层、管理层和执行层。每一个层次的战争主体都需要具备较强的战略思维能力，最高决策者和决策领导层更需要进行战略思维。研究《孙子兵法》文本发现，孙武主要对"主"和"将"这两类战略思维主体提出了具体的要求。

"主"在有道。孙武要求一定要有"道"。"道者，令民与上同意也"。[①]即君主要有营造政治清朗环境的能力，要用"海晏河清、朗朗乾坤"的政治生态让老百姓与自己的意志相统一。"道"还包括君主要有正确采纳意见的能力，正如孙武所言"将听吾计用之必胜""将无听吾计，用之必败"[②]。"主"是战略思维中最重要的战略思维主体，因为他不但要思考如何"修道保法"及搞好政治建设与保障法治贯彻执行等方面的战略问题，还要思考和鉴别下属对于战争形势预判与决策的正确性、科学性，进而作出"庙算"即战略决策。刘邦曾言：

> 夫运筹帷幄之中，决胜千里之外，吾不如子房（张良字子房）；镇国家，抚百姓，给馈饷（供给军饷），不绝粮道，吾不如萧何；连百万之众，战必胜，攻必取，吾不如韩信。三者皆人杰，吾能用之，此吾所以取天下者也。项羽有一范增而不用，此所以为我所擒也。[③]

刘邦很好地诠释了"主"作为战略思维主体的职责与作用。

"将"要有能。孙武强调"智""信""仁""勇""严"，前人对此曾有过精辟的解释。[④]所谓有能之将，必须智可料敌，信可令众，仁可得士，勇

---

① 吴九龙：《孙子校释》，军事科学出版 1991 年版，第 5 页。

② 吴九龙：《孙子校释》，军事科学出版社 1991 年版，第 11 页。

③ （汉）司马迁：《史记》，岳麓书社 2008 年版，第 80 页。

④ 杜牧注："盖智者，能机权、识变也；信者，使人不惑于刑赏也；仁者，爱人悯物，知勤劳也；勇者，决胜乘势，不逡巡也；严者，以威刑肃三军也。"

可倡敢，严可肃政。反之则为无能。孙武尤其重视五德中的"智"，强将帅要善于根据敌我双方的"五事七计"来预测战争胜负，还要在君主采纳了强帅的谋划后，善于"计利以听，乃为之势，以佐其外"①，而且创造有利态势，作为已有胜利条件之外的辅助条件。可见，在孙武看来。将帅是最主要的战略思维主体。

"主"和"将"，一个是最重要的战略思维主体，一个是最主要的战略思维主体，二者不可分割。"主"的战略思维职责在于掌握全局和长远的利益，鉴别将帅们提出的意见和建议。"将"的作用强调战略思维职责主要是探索战争规律，提出利于"主"的战略决策建议，创造条件实施正确的战争指导，以保证胜利。

今天看来，战略思维主体除了包括"主"和"将"之外，人人皆可为战略思维主体。如果把战略思维主体仅局限于"主"和"将"的话，就无法理解今天所强调的"大局意识""看齐意识"。"大局"是相对的大局，地方相对于中央，局部相对于全局。"看齐"是全党向中央看齐。因此，领导者战略思维主体不能局限于"主"与"将"，而应该涵盖所有领导者及被领导者。

二、客体观："国之大事""存亡之道"

战略学者李际均先生认为，军事战略的演进和发展的本质是战略思维的发展与运用。战略思想是关于战略全局的指导思想，是制定战略方针、建军与作战理论依据。

> 战略思维则是决定战略的主体头脑中的观念运动。战略思维包括军事认识论与方法论；也包括战争准备与实施的思维活动。它是历史决定论前提下的主体选择与创造活动，是战争指导者在

① 吴九龙：《孙子校释》，军事科学出版社 1991 年版，第 11 页。

头脑中进行的思维比较、思维判断、思维选择、思维决策、思维实施、思维反馈、思维修正、思维总结与升华的全过程。[①]

思维客体是思维主体思维活动的客观对象，也是思维主体必须思考和决策的问题。在孙武看来，国君和将帅要思考和决策的重大问题尽管很多，但从本质上说，都属于"国之大事"，都关乎"存亡之道"，即战略问题。

为什么孙武把"国之大事"和"存亡之道"作为君主与将帅战略思维的主要对象呢？

第一，这是由战争在当时国家生活中的地位决定的。孙武继承前人思想，深刻认识到战争在国家生活中的重要地位和作用。老子指出："祸莫大于轻敌，轻敌几丧吾宝。"《左传》提出"国之大事，在祀与戎"[②]，认为战争具有"禁暴""戢兵""保大""定功""安民""和众""丰财"等功能。这些观点表明前人对战争的认识已达到了相当高度。"从战史上看，孙武参加了破楚入郢的吴楚柏举之战，很可能还参加了吴晋争当盟主的黄池会盟"[③]，孙武结合自己对战争的考察，吸收前人关于战争认识的有益成分，提出"兵者，国之大事也。死生之地，存亡之道，不可不察也"[④]的著名论断。在孙武看来，战争关系国家存亡，关乎民众生死，不可不察。

第二，这是由当时君主与将帅的职责与地位决定的。孙武认为，为君者"不可以怒而兴军"，若君主有道，能"修道而保法"，则上下同心，民众就会拥护和支持战争。为将者"不可以愠而致战"，若能够成为"知兵之将"，便是"民之司命。国家安危之主"[⑤]。正因为君主与将帅担负着国家存亡、人民安危的重大责任，所以孙武强调，在对待战争的问题上，必须

---

① 李际均：《论战略》，解放军出版社 2002 年版，第 1—2 页。
② 左丘明：《左传》，郭丹译注，中华书局 2014 年版，第 466 页。
③ 吴如嵩：《孙子兵法新论》，军事科学出版社 1991 年版，第 1 页。
④ 吴九龙：《孙子校释》，军事科学出版社 1991 年版，第 2 页。
⑤ 吴九龙：《孙子校释》，军事科学出版社 1991 年版，第 32 页。

"明君慎之，良将警之"，君与将帅都应该研究和懂得"安国全军之道"。可以看出，孙武主张君主与将帅的战略思维视野，必须聚焦安邦定国、保全军队等大事上。这一战略思维客体观，从根本上规定了战略思维研究对象——战争规律与战争指导规律，这也是为君为将之职责所在。

第三，这是由孙武的家庭出身决定的。"孙子武者，齐人也。以兵法见於吴王阖闾"①，孙武出身于贵族家庭，贵族家庭出身的孩子，有研究军事的传统。西方与东方都是如此。在孙武所处时代，军事是贵族的事，普通百姓并不关心。因为那个时候百姓只管种地吃饭穿衣，无论谁当权、谁执政，普通百姓都是受压迫、受剥削的对象，所以百姓根本不会关心战争谁胜谁负。贵族则不一样，战争胜负关系着贵族家庭的切身利益，贵族是王朝既得利益阶层，政权垮台意味着既得利益的丧失。基于此，贵族出生者研究军事是再普通不过的事情。从目前考证的材料来看，孙武出生于齐国贵族家庭，因四大贵族争斗，孙武家族被排挤出齐国，于是孙武到了吴国。因为他有志于成就吴国霸业，所以思考对象定格于"国之大事"和"存亡之道"也是必然的。

现在看来，狭义战略范围仅限于与战争相关的内容，广义战略范围则宽泛得多。战略思维主体继承和发扬孙武的战略思维客体观，就应该站在全局高度，牢记使命和责任，切实运用马克思主义立场观点方法，不断提高战略思维能力，思考和解决新时代中国特色社会主义伟大事业的各种理论问题和实践问题。

三、目标观："安国全军""利合于主"

正确的战略决策取决于正确的战略思维目标。科学的战略思维目标，必须使战略决策能够满足实现和维护国家利益的需要。《孙子兵法》提出

---

① 司马迁：《史记·孙子吴起列传第五》，岳麓书社 2014 年版，第 394 页。

的"安国全军""利合于主"的庙算战略思维目标观，体现的正是这一基本
要求。

《孙子兵法》的逻辑结构，为解决"安国全军"之道提供了一种科学的
战略思维模式。《孙子兵法》开篇就提纲挈领地提出战争作为"国之大事"
是国君与将帅必须研究和解决的军政大事。银雀山出土汉简"孙子兵法"木
牍，《火攻篇》列在《用间篇》之后，为第十三篇，与各传本不同。有学者
认为，汉简中《火攻篇》列在最后，正是"孙子兵法"的篇题顺序。[①] 而《火
攻篇》中最后一句强调："故明君慎之，良将警之，此安国全军之道也"[②]，
与开篇强调"国之大事"，正好首尾呼应，使整部兵法浑然一体，不但符合
中国人行文习惯，而且体现了本书主旨是研究"安国全军"之道。

《孙子兵法》的重民尊君思想，强调既要"安国全军"，又要"利合于
主"，这不仅是孙武战略思维出发点，也是其战略思维归宿。综观《孙子兵
法》，虽然是研究战争和战略思维规律理论体系，但丝毫没有穷兵黩武气
息，却充满了慎战的鲜明态度。孙武之所以特别强调慎重对待战争，缘于
他重民尊君的世界观。春秋时代，民本主义思想已经萌芽，并反映在《孙子
兵法》之中。如孙武在分析战争与经济关系时指出：

　　凡兴师十万，出征千里，百姓之费，公家之奉，日费千金，
内外骚动，怠于道路，不得操事者，七十万家。[③]

谋划战争必须着眼于经济，实施战争必须尽量减少经济损失，不能给
老百姓造成太多灾难。同时，孙武痛斥那些由于吝惜金钱，不会用间以致
战争失败的将帅，称这种将帅是"不仁之至，非民之将也，非主之佐也，非

---

① 陈宇：《孙子兵法破解》，解放军出版社2010年版，第312页。
② 吴九龙：《孙子校释》，军事科学出版社1991年版，第232页。
③ 吴九龙：《孙子校释》，军事科学出版社1991年版，第235—236页。

胜之主也"①。在战争实践中，孙武的战略思维目标观也强调和重视以民为主。如：在柏举之战前，孙武反对吴王的重要理由就是："民劳，未可，待之。"②从孙武的理论与实践来看，孙武的战略思维目标是"唯民是保"。孙武认为重民与尊君是一致的，强调将帅思考战争问题，既要"唯民是保"，又要"利合于主"。敢于做出"利合于主"决策的将帅是"国之宝也"③，而要实现"利合于主"的战略思维目标，将帅个人必须具有"进不求名，退不避罪"的品质，遵循"合于利而动，不合于利而止"的原则，按照"战道"显示的胜败趋势来决定战与不战以及如何战。

《孙子兵法》关于如何安国全军，如何利合于主的阐述，体现了孙武战略思维进程的目标取向。今天看来，孙武的战略思维目标观，实质上是以国家利益为核心的目标观。"安国全军"就是核心国家利益。为实现这一目标，无论从战略思维出发点，还是从归宿来看，都体现了孙武重民尊君的思想。

四、方法观："知彼知己""五事七计"

战略思维除了要明确对象、确立目标外，还需要有可行的战略思维方法。《孙子兵法》战略思维方法以"知彼知己"为前提，以综合分析"五事七计"为特征。"知彼知己"是战争胜利的基础和战略思维的前提条件。孙武关于"知"与战争关系的认识主要表现在四个方面：

一是强调"知"的重要性。"知彼知己，百战不殆；不知彼而知己，一胜一负；不知彼不知己，每战必殆。"④孙武还从政治高度指出，将帅如果"不知敌之情"，就是"不仁之至"；国君如果"不知敌之情"，就是"非胜

---

① 吴九龙：《孙子校释》，军事科学出版社1991年版，第236页。
② 司马迁：《史记·吴太伯世家第一》，岳麓书社2012年版，第189页。
③ 吴九龙：《孙子校释》，军事科学出版社1991年版，第180页。
④ 吴九龙：《孙子校释》，军事科学出版社1991年版，第48页。

之主"。"知"与"不知"直接关系到战争胜负，这就是知的重要性。

二是认为"知"是战的前提。"故明君贤将，所以动而胜人，成功出于众者，先知也"[1]。在孙武看来，唯有先知，才能作出正确决策，作战指导才能"动而不迷，举而不穷"。

三是指出"知"的具体内容。例如，要熟知敌我双方的"道""天""地""将""法"，要"知战之地""知战之日"，知"地形之助"，知"可以战"与"不可以战"，以及知"战道"等。其内容涵盖与战争相关的各种情况以及战争规律。

四是明确"知"的方法手段。孙武认为：

> 先知者，不可取于鬼神，不可象于事，不可验于度，必取于人，知敌之情者也。[2]

即军事情报获取只能取之于包括间谍在内的真正了解情况的人，而不能靠求神、占卜、类推等方法。在手段运用上，孙武主张"五间俱起""动敌知敌"，而且对动敌提出了"策之""作之""形之""角之"等手段，千方百计察明敌情、地形等各方面情况，为战争运筹与决策提供尽可能全面的信息。

"五事七计"是从战略高度研究战争规律和制定战争决策的重要要素。"知彼知己"旨在揭示情报信息对于战略思维的重要性，即只有获取全面的情报信息才能为战略思维和战争决策提供丰富的思维材料和决策依据。"五事七计"则进一步指出了战略思维对思维材料的选择原则，确定了战略思维的材料要素。孙武认为，考察战争规律和制定战略决策，首先要"经之以五事"，即从总体上度量和分析敌我双方"道""天""地""将""法"五个方面的情况。在论述了"五事"之要旨后，孙武接着提出了战略决策"七

---

① 吴九龙：《孙子校释》，军事科学出版社1991年版，第237页。
② 吴九龙：《孙子校释》，军事科学出版社1991年版，第238页。

计"问题，即：主孰有道、将孰有能、天地孰得、法令孰行、兵众孰强、士卒孰练、赏罚孰明，以此作为比较敌我双方强弱的要素。战略思维离不开"五事"和"七计"，"凡此五事，将莫不闻，知之者胜，不知者不胜"①，而通过"七计"的具体分析比较，"吾以此知胜负矣"②，孙武提出了战略：经之以五——校之以计——而索其情。按现代战略理论观点看，"经之以五"是指对影响战争胜负的五个重要因素进行评估；"校之以计"是指计算、比较七个方面的敌我情况。孙武认为，仅定量分析"五事"和"七计"还不够，必须在此基础上进行定性分析——"而索其情"，即探索战争胜负的情势（规律）。

"庙算胜算"是从战略高度提出判别战与不战的思维方法。庙算是一种框算法。孙武在阐述框算方法之前，还采用"五事"要素分析法和"七计"比较分析法对敌情和我情进行分析。而以庙算为主的框算分析法则是在要素分析与比较分析的基础上进行分析，如果没有前面的要素分析和比较分析，框算分析是没有基础和意义的。从战争决策和战争实施来看，决策目的在于明确打还是不打，实施目标在于如何打赢。从实践来看，决策打与不打是统帅的事，决策如何打赢则是将帅的事。因此，框算胜算对决策打与不打尤其重要。作为领导者来说，应用庙算胜算思想，就是要在做什么、朝什么方向做的问题上下功夫，重点解决做不做、做什么的问题。至于怎么做，则是领导部属考虑的问题。当然，领导者对于部属在做的过程中出现无力解决的困难，还得想方设法予以支持。

毛泽东就是继承和发展《孙子兵法》战略思维方法观的典范。他指出：

　　　指挥员使用一切可能的和必要的侦察手段，将侦察得来的敌方情况和各种材料加以去粗取精、去伪存真、由此及彼、由表及

---

① 吴九龙：《孙子校释》，军事科学出版社 1991 年版，第 9 页。
② 吴九龙：《孙子校释》，军事科学出版社 1991 年版，第 10 页。

里地思索，然后将自己方面的情况加上去，研究双方的对比和相互关系，因而构成判断，定下决心，做出计划，——这是军事家作出每一个战略、战役或战斗的计划之前的一个整个认识情况的过程。①

简言之，就是要熟知并深入分析敌我双方情况，寻找战争规律和战争指导规律。今天看来，依然是战略思维重要方法。运用这一战略思维方法就是要认真学习和掌握马克思主义立场观点方法，站在战略和全局的高度观察和处理问题，从政治上认识和判断形势，透过纷繁复杂的表面现象把握事物的本质和发展的内在规律，以开阔的视野和博大的胸襟，紧跟时代步伐。既要熟悉国情又把握世情，还要清楚党情，克服只见现象不见本质、只见树木不见森林的片面性，避免出现急功近利、目光短浅等现象。只有如此，才能把握战略思维方法，提高战略思维能力。

五、能力观："伐谋伐交""先胜易胜"

战略思维活动不仅在于揭示战争规律，更重要的是作出科学战略决策，制定正确的战略计划，这是战略思维能力的重要体现。孙武的战略思维能力观，不仅取决于对战争规律的把握，更重要的是取决于孙武的战略思维决策。"伐谋伐交""先胜易胜"思想，正是孙武的战略思维决策体现出来的战略思维能力。

"伐谋伐交"揭示了战略决策思维中思维运行的价值导向原则。孙武在考察战争带来的灾难以及各种战争方式和谋略运用结果后认为，"百战百胜"的战争决策和方案并不是最好的，只有"不战而屈人之兵"的决策才是最好的。因此，孙武主张在战略思维的价值取向上，应优先考虑和制定"伐谋"

---

① 毛泽东：《毛泽东选集》（第一卷），人民出版社 1991 年版，第 179—180 页。

型战略决策，其次是"伐交"型战略决策和战略计划。惟有"伐谋伐交"决策，才可能实现不战而胜，才能将战争损失降低到最小程度，也体现战略思维能力。

"先胜易胜"揭示了战略决策思维中必须遵循的万全性原则。孙武认为，由于战争是关系到国家、民众生死存亡的大事，国君与将帅进行战争决策必须以"安国全军""能自保而全胜"为根本目标。如何在战略思维活动中制定出万全之策呢？孙武在《形篇》中提出了两个基本原则：其一，先为不可胜。孙武说："先为不可胜，以待敌之可胜。不可胜在己，可胜在敌。"[1] 即正确的战略决策，首先在于创造先胜的态势和条件。其二，胜于易胜。孙武说：

> 古之所谓善战者，胜于易胜者也。故善战者之胜也，无智名，无勇功。故其战胜不忒；不忒者，其所措必胜，胜已败者也。[2]

战略决策不是追求能够轰轰烈烈取得巨大胜利的决策，而是胜于无形的决策。从这两方面来看，孙武反对没有胜利把握的冒险决策和有赫赫之胜的"辉煌"决策，要求决策建立在谋先胜条件上，谋易胜之道上。

孙武的"伐谋伐交""先胜易胜"思想，明确了战略决策思维过程中思维运行的价值导向原则和化解风险的万全性原则。提升战略思维能力，必须规范战略决策思维，二者缺一不可。"伐谋伐交"战略决策思维力求"伐谋"决策，次求"伐交"决策，即"上兵伐谋""其次伐交"。至于伐兵与攻城，则都是万不得已时才考虑的下策。"先胜易胜"的思想，是要求谋有把握取胜的决策、谋容易取胜的决策、谋未战先胜的决策。在战略决策思维过程中遵循"伐谋伐交"和"先胜易胜"原则，是谋万全之计的保证，是

---

① 吴九龙：《孙子校释》，军事科学出版社1991年版，第53页。
② 吴九龙：《孙子校释》，军事科学出版社1991年版，第59页。

求"安国全军"之道的客观要求。

继承与发展孙武战略思维能力观中的价值导向原则和化解风险的万全性原则，关键是提升依法决策能力。反思决策失误，不难发现，一个重要原因就是没有依法决策。如：个别地方领导者仍然习惯于依靠长官意志和简单的行政命令来管理经济、社会和文化事务，在决策中搞地方保护主义、部门利益至上，损害了国家法律和政策的统一。

六、境界观："不战而胜""全胜为上"

正确的战略决策有高下之分，作出正确战略决策的战略思维活动有境界之别。在孙武看来，战略思维最高境界是"不战而胜"，是"全胜为上"。这一战略思维全胜观，对于战略思维活动有着强烈的价值导向和规范作用。

孙武主张"不战而胜"是战略指导的最高境界。国君与将帅的职责，是制定正确的战略决策，达到和实现"安国全军"的战略目标，实现战略目标的手段大致可分为战与不战两种。孙武认为，战并不是解决安国全军问题的理想方式，哪怕是"百战百胜"也并非"善之善者"，高明的战争指导者应该做到"屈人之兵而非战也""拔人之城而非攻也""毁人之国而非久也"，即以"兵不顿而利可全"的"非战""非攻""非久"方式，用非战的方略争胜于天下才是最好的战略决策。可以说，"不战而胜"思想是孙武战略理论体系的精髓和灵魂，它贯穿于《孙子兵法》始终。对战略决策与战略指导的要求，反映到战略思维领域，就是战略决策者必须扩大战略思维视野，提升战略思维境界。正如孙武所说：

> 见胜不过众人之所知，非善之善者也；战胜而天下曰善，非
> 善之善者也。故举秋毫不为多力，见日月不为明目，闻雷霆不为

聪耳。①

"不战而胜"战略思维境界，对后世兵家及政治家有着深远的影响。

孙武强调"全胜为上"，构成了对战略思维境界的更为宏大而精微的要求。孙武强调"不战而屈人之兵"或"不战而胜"思想的同时，又提出：

> 凡用兵之法，全国为上，破国次之；全军为上，破军次之；全旅为上，破旅次之；全卒为上，破卒次之；全伍为上，破伍次之。②

在战略谋划和运筹上，要力争战略上、全局上"全胜"，以达"安国全军"目的。如果战略上无法"全胜"，则必须在战役战斗上力争以"全破"方式，达到局部"全胜"。"不战而胜"是大战略层面的战略思维，"全胜为上"则是战略、战役或战斗层面的战略思维。"不战而胜"原则与"全胜为上"原则，共同构成了战略思维境界基本要求。

继承和发扬《孙子兵法》的战略思维境界观遗产，对领导者来说，需要把握经济发展的两个方面的内涵：一是以最小代价获取最大效益，如避免过于追求 GDP 的增长而忽视生态环境的保护，避免过于追求经济发展数据增长而忽视资源消耗问题，要努力实现经济发展的"不战而胜"。二是通过加快转变经济发展方式，促进经济领域深刻变革，既要保持经济在当前平稳较快发展，又要为长远发展营造良好条件，努力实现经济发展的"全胜"。

七、品质观："进不求名""退不避罪"

战略思维活动是主观与客观的结合，将帅作为战略思维主体，其智慧、

---

① 吴九龙：《孙子校释》，军事科学出版社 1991 年版，第 57—58 页。
② 吴九龙：《孙子校释》，军事科学出版社 1991 年版，第 35—36 页。

经验、军事素质、意志与情感等思维要素的品质如何，对战略思维结果具有至关重要的影响。为此，孙武对将帅的基本素质提出了多方面的要求，其中"五德"和"五危"的论述，较全面地反映了为将者的基本素质和应当尽力避免的缺陷。"五德"与"五危"也可视为对将帅战略思维品质的要求。但在《孙子兵法》战略思维品质观中，核心思想是"进不求名""退不避罪"。孙武强调："故进不求名，退不避罪，唯民是保，而利合于主，国之宝也。"①就是说，为将者战胜攻取不求名与利，退却避让不避罪与责，一心只求保护民众，维护国君长远根本利益，这样的将帅才是国之栋梁。

孙武之所以特别强调将帅的战略思维品质，那是因为将帅只有具备"进不求名""退不避罪"的品质，才能识"战道"。在孙武看来，将帅职责不仅仅在于揭示战争本身的规律，更在于制定"安国全军"且"利合于主"的战略决策。孙武认为，把握战争指导规律有五个方面：

> 知可以战与不可以战者胜，识众寡之用者胜，上下同欲者胜，以虞待不虞者胜，将能而君不御者胜。②

这五个方面，君主与将帅都可以做到，难以解决的是将帅掌握临机专断指挥权而国君不干预的问题。孙武强调为将者应当有临机专断指挥权，尤其要排除君主"瞎指挥""瞎管理""瞎监督"，办法就是"君命有所不受"③。然而在孙武那个时代，将帅要做到"君命有所不受"，必须具备两个条件：一是君主是否开明且授权；二是将帅是否敢于坚持己见。而将帅是否敢于"君命有所不受"，不但取决于是否懂得"知胜有五"，更取决于是否具备"进不求名""退不避罪"的战略思维品质。

将帅只有具备"进不求名""退不避罪"的战略思维品质，才能把握"战

---

① 吴九龙：《孙子校释》，军事科学出版社1991年版，第180页。
② 吴九龙：《孙子校释》，军事科学出版社1991年版，第47页。
③ 吴九龙：《孙子校释》，军事科学出版社1991年版，第134页。

机"。在战争运筹与实践中，懂得"战道"是一回事，能否把握"战机"而运用"战道"又是一回事。孙武认为，在作战指挥上将帅应当根据战争规律与具体的情况来把握战机，即所谓"战道必胜，主曰无战，必战可也；战道不胜，主曰必战，无战可也"①。将帅是否敢于坚持"必战"或"无战"，也需要具有"进不求名""退不避罪"的战略思维品质。

将帅只有具备"进不求名""退不避罪"的战略思维品质，才能顾全大局。在孙武看来，将帅能否作出"安国全军"而"利合于主"的战略决策和计划，能否做到考虑计谋方略不追求个人利益，但求"无奇胜，无智名，无勇功"②，能否在作战中克服"愠而致战"等缺点，做到识大体顾大局，都需要将帅具备"进不求名""退不避罪"的战略思维品质。如果不具备这样的战略思维品质，将帅就会难察"虚实"、难辨"利害"、难知"迂直"、难懂"奇正"，也无法在战略指导上做到"动而不迷""举而不穷"。

孙武强调将帅"进不求名，退不避罪，唯民是保，而利合于主"，既是对将帅道德情操的要求，也是对将帅战略思维品质的要求。如果将帅不具备这样的战略思维品质观，就不可能成为"民之司命，国家安危之主也"③。孙武的战略思维品质观，依然指导着领导者战略思维。

有人可能会说，孙武所处时代，连"战略"概念都没有，哪里有战略思维呢？其实，没有战略概念并不等于没有战略意识。既然有了战略意识，就应该有战略观念。《孙子兵法》开篇讲的"国之大事""死生之地""存亡之道"，哪一点不是战略问题？孙武所言"知彼知己，百战不殆""合于利而动，不合于利而止"，看起来似乎只是讲用兵作战，实际上，揭示了用兵治军的一般规律，都与战略密切相关。

从主观上看，"孙子是以吴国取威定霸为己任的，《孙子兵法》中，他

---

① 吴九龙：《孙子校释》，军事科学出版社1991年版，第179页。
② 吴九龙：《孙子校释》，军事科学出版社1991年版，第59页。
③ 吴九龙：《孙子校释》，军事科学出版社1991年版，第32页。

曾不止一次地提到'霸'"①。从客观上来看,《孙子兵法》十三篇,近六千字所揭示的道理、体现的观念和展示的情怀,用今天的话语体系解读,既涵盖战略思想,也包括战术思想,既讲用兵之道,也讲治军之策,既讲将帅修养,也讲士兵修炼。其价值可谓用之不尽、取之不竭。

孙武并没有明确告知将帅应该如何进行战略思维,当然,孙武也不可能告诉今天的读者应该如何战略思维。但孙武阐述的思想背后,却隐藏着一整套战略思维观。正如马克思的鸿篇巨著中并没有阐述什么是社会主义,如何建设社会主义等问题,但马克思主义却为人们提供了科学认识论和方法论。通过梳理归纳《孙子兵法》战略思维观,对构建领导者战略思维理论架构具有重要的指导价值,它将对增强领导者战略思维产生积极的影响和作用。特别是以《孙子兵法》战略思维观为"矢",攻领导者战略思维缺乏之"的",具有强烈的现实意义。以下各章将从原则、目标、方法、能力、境界和品质六个方面,详细阐述如何有的放矢。

---

① 吴如嵩:《孙子兵法新论》,解放军出版社 1989 年版,第 1—2 页。

第三章 《孙子兵法》与领导者战略思维原则

原则就是言行所依据的准则和规范。孙武所阐述的道理和规律，多是对治军、用兵和作战而言，即针对军事问题而言的。在这个世界上，军事问题是矛盾斗争最激烈、最残酷的问题，也是最高效、最严格的问题。战争是"矛盾的一种最高斗争形式"①，作为战争指导的战略思想对领导者化解一般矛盾或解决一般性问题的指导价值也是显而易见的。

一、政治原则："利合于主""唯民是保"

《孙子兵法》中没有提出明确的政治概念，但今天看来，"利合于主""唯民是保"讲的就是政治，所以《孙子兵法》通篇都涵盖了这一政治原则。一方面强调"上下齐欲，无往不胜"，另一方面强调"为民而战，死而无憾"。为何而战？孙武强调"死生之地，存亡之道，不可不察"②。意思是说，战争关系到民众生死，国家存亡，还有什么比"生死""存亡"更重要呢？如何决策战与不战？孙武强调"利合于主""唯民是保"。如果利于君王与社稷，那么必须战，反之不能战。这些思想，在今天看来仍然焕发出强大的生命力，具有强烈的现实意义。

---

① 毛泽东：《毛泽东军事文集》（第一卷），军事科学出版社、中央文献出版社1993年版，第691页。

② 吴九龙：《孙子校释》，军事科学出版社1991年版，第2页。

在领导者的所有能力中，政治能力是第一位的。[1] 领导者在处理问题和化解矛盾的过程中，牢牢把握政治原则就是要提高政治站位，其基本遵循就是增强"四个意识"、坚定"四个自信"、做到"两个维护"，进一步坚定政治信仰，强化政治领导，提高政治能力，净化政治生态，实现全党团结统一、行动一致。不断增强思想自觉、政治自觉和行动自觉。领导者遵循"利合于主""唯民是保"这一政治原则进行战略思维，需要把握以下几个方面：

（一）思想自觉："上下同欲"

"坚持以人民为中心"的发展思想，始终强调人民是我们党工作的最高裁决者和最终评判者。人民所期盼的就是全党上下奋斗所要实现的目标。人民所盼与全党所为高度一致，也就达成了孙武所强调的"上下同欲"。孙武指出：

> 知可以战与不可以战者胜，识众寡之用者胜，上下同欲者胜，以虞待不虞者胜，将能而君不御者胜。[2]

如何理解"上下同欲"呢？"上"指领导者，"下"指被领导者。总归起来，"欲"就是人民对美好生活的向往。中国共产党始终坚持以人民为中心，"带领人民创造更加幸福美好的生活"，实现中华民族伟大复兴、完成祖国统一成为党中央治国理政的奋斗目标和历史使命，成为检验党和政府人民性的"试金石"。在中国共产党人看来，"上"与"下"并非绝然分开。"我

---

① 中共中央宣传部：《习近平新时代中国特色社会主义思想学习纲要》，学习出版社、人民出版社 2019 年版，第 227 页。
② 吴九龙：《孙子校释》，军事科学出版社 1991 年版，第 47 页。

们一切工作干部，不论职位高低，都是人民的勤务员"。[①]

（二）政治自觉："利合于主"

《孙子兵法》并未提及"政治"概念，但对于君主或将帅的行为，却明确了"利合于主"要求。孙武强调："进不求名，退不避罪，唯民是保，利合于主，国之宝也。"[②]此处对如何评价"国之宝"，提出了四个方面的评判标准。前两条属于品质标准，后两条则属于政治标准。"唯民是保，利合于主"，实际上就是"为了谁"的问题。此处的"主"不能纯粹理解为君王。当然，也许有人认为孙武的本义确实是指君王，孙武指出：

> 四五者，一不知，非霸王之兵也。夫霸王之兵，伐大国，则其众不得聚；威加于敌，则其交不得合。[③]

孙武阐述了什么不是"霸王之兵"和什么是"霸王之兵"。可见，孙武是以吴国取威定霸为己任的，所以有人认为吴王是孙武心中的"主"，也是有理有据的。只不过，还有一点万万不能忽视，那就是，孙武在"利合于主"前，还讲了"唯民是保"，任何决策必须以保全人民为目标追求，这也是古代民本思想在《孙子兵法》中的体现，说明在孙武的心中，"民"占据着与"君"并列的位置。换言之，除了吴王，"民"也是孙武战略思维所考虑的重要因素。

（三）行动自觉："唯民是保"

"民"在《孙子兵法》中占有很重的地位，孙武曾 14 次讲到"民"。如

---

① 毛泽东：《毛泽东军事文集》（第二卷），军事科学出版社、中央文献出版社 1993 年版，第746 页。

② 吴九龙：《孙子校释》，军事科学出版社 1991 年版，第 180 页。

③ 吴九龙：《孙子校释》，军事科学出版社 1991 年版，第 209—210 页。

"唯民是保""民之司命""民服""民不服""令民于上同意""战民"等。当然，有校释是认为"民"通"人"，所以有的版本中将"民"释为"人"。也有人认为"人"与"民"存于《孙子兵法》的不同版本，是因为唐太宗时期为了避讳"民"，将原来文本中的"民"改为"人"。实际上，文言文中，"人"与"民"是有区别的，"人"之义有二：第一，自然的人；第二，贵族，或者是统治阶级。"民"之义仅为"奴隶，或曰庶人"，当然，后来也指统治集团（君王及其官吏）以外所有被统治的人。《谷梁传·成公元年》说："古者有四民：有士民、有商民、有农民、有工民。"显而易见，"四民"中没有贵族。根据《左传》和《史记》，孙武军事思想与管仲及诸子百家中许多人的思想相辅相成。吴越许多思想家强调"富国强兵"的思想和治国方略，充分表现了中国古代以民为本的卓越智慧。

《孙子兵法》是以安国保民为宗旨的，孙武明确提出，"厚爱其民"才能守成，"利民"才能制胜，反之必致"先亡"。作为领导者，一定要善待自己的士卒与子民。孙武把"取信于民"的"信"列为将者五德之一，还认为要珍惜民力，爱惜民财，在分析战争给百姓带来沉重经济负担时指出：

> 国之贫于师者：远师者远输，远输则百姓贫。近师者贵卖，贵卖则财竭，财竭则急于丘役。屈力中原、内虚于家，百姓之费十去其七。公家之费，破军罢马，甲胄矢弩，戟楯矛橹，丘牛大车，十去其六。[①]

孙武把重民、信民、爱民视为经国治军的圭臬。《孙子兵法》蕴含中国传统的以民为本的伦理精义，一切军事决策都应从人民利益出发，把保护人民群众的生命和财产安全，作为安国保民的最高准则。

[①] 吴九龙：《孙子校释》，军事科学出版社1991年版，第25—28页。

行动自觉缘于价值追求。中国共产党人所追求的"唯民是保",其"民"包括两个层面：一个是中国人民,中国共产党人的初心是为中国人民谋幸福,为中华民族谋复兴。一个是人类,中国共产党人始终把为人类作出新的更大的贡献,作为自己的使命。"人民对美好生活的向往就是我们的奋斗目标",构建人类命运共同体是中国共产党提出的解决世界难题的中国方案,这是中国共产党人的价值追求。习近平要求各级干部特别是领导者要善于从政治上看问题,站稳立场、把准方向,这样的价值追求要求领导者的立场是人民立场,方向是人民方向,始终把为了谁、依靠谁的问题放在心上,只有这样,行动才有方向、力量和底气。

行动自觉缘于顺应大势。习近平新时代中国特色社会主义思想布下的是一盘新时代坚持和发展中国特色社会主义的大棋局。领导者善于观大势、谋大事,自觉在大形势下想问题、做工作。要牢牢把握党和国家事业发展的大方向、大原则、大战略,把行动置于党和国家事业发展的大势之下,顺势而为。

行动自觉缘于服务大局。只有胸中装有大局,认识大局、服从大局、维护大局,自觉在大局下学习、思考和行动,做到一切服从大局、一切服务大局,做到局部利益服从整体利益,小道理服从大道理,才能在行动上同以习近平同志为核心的党中央保持高度一致,自觉维护党中央权威,在重大政治原则上站稳立场,敢于担当,协同配合,抓住关键,确保中央政令畅通、决策落地生根。

二、虚实原则："避实击虚""因敌制胜"

孙武专门用一篇论述虚实问题,可见孙武对虚实问题的重视程度,也突出了虚实问题本身的重要性。虚是空虚,兵力分散而薄弱；实是充实,兵力集中则强大。二者对立统一。孙武在《虚实篇》中通过对虚实关系的认识和把握，阐述如何在战争中争取主动，正确地选择作战方向，避实而击虚，达到"致人而不致于人"的目的。领导者战略思维运用虚实原则就是要做到"避实击虚"和"合于利而动"。"避实击虚"是目标选择基本考量，"合于利而动"则是思维决策不二法门。

虚实原则强调做什么？此问题之所以重要，是因为它关系到领导者工作的着力点和关注点。如果此两点有错，那思考"为什么"和"怎么做"便无意义。孙武说：

> 夫兵形像水，水之行，避高而趋下，兵之胜，避实而击虚，水因地而制流，兵因敌而制胜。[①]

兵形，就是用兵的方法，用兵的规律。行是规律、趋向。兵之胜的"胜"，是取胜的关键。此句意为：用兵的规律好像水的流动，水的流动是避开高处而流向低处，战争取胜规律是避开敌人坚实的地方而攻击敌人的弱点。水因地形高低而制约其流向，作战取胜关键就是根据不同敌情决定不同打法。孙武在《虚实篇》中论述了一系列关系，最后归纳总结为上面这段话。前人的注解，意思基本相近。实际上，紧接着"因敌而制胜"后面，还有几句话也值得研究。孙武说：

> 故兵无成势，无恒形。能因敌变化而取胜者，谓之神。故五行无常胜，四时无常位，日有短长，月有死生。[②]

战争没有固定态势，也没有一成不变的作战方式。能够根据敌情变化而取胜，就叫用兵如神。五行相克，没有固定常胜。四季变化，没有固定不

① 吴九龙：《孙子校释》，军事科学出版社1991年版，第102—103页。
② 吴九龙：《孙子校释》，军事科学出版社1991年版，第103—104页。

移。日有长短，月有圆缺，这是自然法则。

孙武从水的特性中认识到用兵规律，这就是圣人眼光。老子论水："上善若水，水利万物而不争，处众人之所恶，故几于道。"孔子论水："逝者如斯夫，不舍昼夜""知者乐水，仁者乐山。知者动，仁者静，知者乐，仁者寿""君子见大水必观"。① 孟子也多次论水。孙武如何论水呢？孙武提出"水因地而制流，兵因敌而制胜"②。《孙子兵法》虚实原则的本义表现在三个方面。

一是在军事行动上，无论是进击，还是防守，在作战对象和攻击方向的选择上，都应该避敌之实、就敌之虚，拣弱敌打，以强击弱。

二是在用兵的攻守上，进攻时应以实攻虚，"攻其所不守""攻其所必救"；防守时应避实就虚，"守其所不攻"、守其"不知其所攻"，从而做到"攻而不可御""退而不可追""攻而必胜""守而必固"。

三是在兵力的运用上，应努力使我军的兵力相对集中而形成压倒对方的绝对优势，而使敌军兵力尽可能分散而处于劣势，即"我专为一，敌分为十，是以十攻其一也，则我众而敌寡"，从而确保以实击虚一举成功。

孙武说："能因敌变化而取胜者，谓之神。"③ 神就神在避实击虚。毛泽东在指挥四渡赤水战役时，有人评价"用兵如神"，"神"在什么地方？神就神在孙武所讲的"能因敌变化而取胜"。毛泽东曾说四渡赤水是自己军事指挥生涯中的"得意之笔"。虽然孙武讲用兵，但对其他领域是相通的。战争是矛盾斗争最高形式，掌握了用兵规律，解决其他问题和矛盾就会感觉轻松愉快。

---

① 韩冰清：《论语·雍也》，经济科学出版社 2013 年版，第 92 页。
② 吴九龙：《孙子校释》，军事科学出版社 1991 年版，第 102—103 页。
③ 吴九龙：《孙子校释》，军事科学出版社 1991 年版，第 103 页。

图 3-1

四渡赤水战役是遵义会议之后，中央红军在长征途中，处于国民党几十万重兵围追堵截的艰险条件下，进行的一次决定性运动战战役。在毛泽东、周恩来、朱德等指挥下，中央红军采取高度机动的运动战方针，有效地处理好了打与走的关系，避实击虚，因敌制胜，纵横驰骋于川黔滇边境广大地区，彻底粉碎了蒋介石等反动派企图围歼红军于川黔滇边境的狂妄计划，红军跳出了敌人的包围圈，取得了战略转移中具有决定意义的胜利。图 3-1 为红军一渡赤水的渡口之一的土城。

领导者战略思维如何运用"避实击虚""合利而动"的虚实原则呢？

（一）目标选择："避实击虚"

对于作战来说，目标选择决定主攻方向，主攻方向选择对错，事关全局成败。也正因如此，孙武提出避实击虚，而且用"兵形像水"与之类比，水避高趋下，兵避实击虚。实际操作中对这一原则，既可以正用，也可以反用，甚至可以正反结合着用。《孙子兵法》中讲避实击虚，并没有充分考虑时间与空间因素。如果结合局部与全局、此时与彼时因素来看，虚实原则的运用就相对灵活了。

领导者战略思维不能单纯地谈虚实问题，可以从两个方面来把握。从适用范围来看，结合局部与全部的因素来理解和运用。全局虚要求局部实或全局实要求局部虚，全局、局部、虚、实的排列组合，不一而足。从事物性质来看，可以考虑务虚与务实的问题。在实际工作中，无论是化解矛盾还是解决问题，虚实原则明确目标选择，实力大小决定选择底气，难易状况决定选择轻重，缓急程度决定选择时机，时限长短决定选择先后，等等。

（二）目标方向："趋利避害"

孙武所强调的利与人们通常所理解的利并不一样。有人把利理解为小利、私利和短期利，但孙武所理解的利是大利、公利和长远利。譬如《孙子兵法》开篇强调"国之大事"，说明孙武所思考问题的格局远在常人之上。在实践中，如何努力做到趋利避害？

一要坚持"利动论"。孙武强调：

> 合于利而动，不合于利而止。[1]
> 计利以听，乃为之势，以佐其外。势者，因利而制权。[2]
> 故不尽知用兵之害者，则不能尽知用兵之利也。[3]
> 智者之虑必杂于利害。[4]
> 进不求名，退不避罪，唯民是保，利合于主，国之宝也。[5]

最后在《军争篇》总结到："兵以诈立，以利动。"[6] 这些论述分别强调了什么是"以利动"，为什么要"以利动"，如何做到"以利动"。为什么要

---

[1] 吴九龙：《孙子校释》，军事科学出版社 1991 年版，第 195 页。
[2] 吴九龙：《孙子校释》，军事科学出版社 1991 年版，第 11 页。
[3] 吴九龙：《孙子校释》，军事科学出版社 1991 年版，第 123 页。
[4] 吴九龙：《孙子校释》，军事科学出版社 1991 年版，第 137 页。
[5] 吴九龙：《孙子校释》，军事科学出版社 1991 年版，第 180 页。
[6] 吴九龙：《孙子校释》，军事科学出版社 1991 年版，第 117 页。

"以利动"？因为利与害是对立统一的，知晓用兵之害，才能最大限度地发掘和利用用兵之利。只有兼顾利害，才能趋利避害，争取主动。领导者在战略思维过程中，只有从党和国家事业大局出发，才不至于曲解孙武关于"利动论"的思想方法。比如：如果利短期不利长远，那就不能为，反之能为。如果利局部不利整体，那就不能为，反之能为。

二要坚持"利合于主"。孙武的"主"毫无疑问是吴王，因为孙武从齐国到吴国，献兵书给吴王，想的就是在吴国建功立业。当然孙武也强调"唯民是保"，从《孙子兵法》中看，他曾不止一次地提到"霸"。[①]孙武一直把成就吴国的霸业作为自己的梦想。当然，在孙武看来，成就吴国霸业，既有益于吴国之君，亦有益于吴国之民。所以说，君和民就是孙武的主。

三要坚持"三非"原则。孙武强调："非利不动，非得不用，非危不战。主不可以怒而兴师，将不可以愠而攻战。"[②]意思是说，无利可图就不要采取军事行动，没有必胜把握就不要用兵，不处在十分危险的时机就不要开战。国君不可因一时愤怒而发动战争，将帅不可因一时气愤而出阵求战。符合国家的长远利益就行动，不符合国家长远利益就停止。"利"强调大利、公利和长远利，并不是通俗理解的私利、小利和短期利。"用"强调能不能取胜或有没有胜的把握，如果有胜的把握，就要把握时机，相机而动。如果没有胜的把握，就要积攒实力，待实力具备时，相机而动。"危"强调非危险时刻不急于出手，不做情绪化领导。

（三）转化规律："虚实利害"

虚实、利害是两对不同性质的矛盾。虚实是从矛盾斗争的形势来看，决定目标选择方向。攻击目标选择，既可避实击虚，也可以避虚击实，甚至还可以虚实结合。究竟如何选择，还得因情而定。利害是从矛盾斗争价值来看，决定目标选择意义。有没有意义和价值，可以用利和害来分析。但

---

①吴如嵩：《孙子兵法新论》，解放军出版社1989年版，第1页。
②吴九龙：《孙子校释》，军事科学出版社1991年版，第230—231页。

是，孙武所强调的利害，还必须区分几种情况，比如：从长远看有利，但从短期看有害；从局部看有害，但从全局看有利；从个人角度看有利，但从公众角度看有害。这就要求决策者必须认识到：长远优于短期，全局优于局部，公众优于个人。那种见好就收、饮鸩止渴的做法是不可取的。虚实、利害都是相对的，而且是可以相互转化的，不能片面地、静止地看问题，而应该全面、发展地看问题。

三、利害原则："杂于利害""尽知利害"

"利"与"害"是《孙子兵法》暗含的一条主线，全书共50次提到"利"字，7次提到"害"字。孙武将言"利"析"害"紧密结合在一起，进行辩证分析和思考。无论是对"战"与"不战"的宏观决策，还是对战场上"攻"与"守"转换的具体指导，孙武都毫不含糊地要求人们进行冷静、周密的利弊权衡和得失比较。"利"是孙武思考战争问题的核心内容，是孙武建构其军事理论的逻辑起点。利害原则要义是在利思害，超前防范危机和风险，要有危机意识和风险意识；在害思利，处于逆境和困境之中时要看到前途和光明，树立信心。利害原则是《孙子兵法》中反复强调的战略思维原则，它强调为什么做。孙武对此的论述极为丰富。

关于为什么要知利害，孙武强调"智者之虑，必杂于利害，杂于利则务可信也，杂于害则患可解也"①。"信"通"伸"，是伸展延伸的意思。关于知利与知害的关系，孙武强调"故不尽知用兵之害者，则不能尽知用兵之利也"②。关于如何知利害，孙武强调"合于利而动，不合于利而止"③。其一，强调将帅制定方针、谋划战略时要以现实的利害为依据；其二，强调"合于利而动"不是唯利是图、见利就争，如果争抢到手的是诱饵，利会变

① 吴九龙：《孙子校释》，军事科学出版社1991年版，第137页。
② 吴九龙：《孙子校释》，军事科学出版社1991年版，第23页。
③ 吴九龙：《孙子校释》，军事科学出版社1991年版，第195页。

成害；其三，强调要兼顾利与不利两个方面，有利则动、则争，无利则止、则弃，动与争是为趋利，止与弃是为避害。"趋利避害"是将帅运用"合于利而动"谋略时必须把握的基本原则。此三者，将《孙子兵法》战略思维中的利害原则表述清楚了。那么，如何认识孙武对于"利"与"害"的基本论述呢？结合领导者战略思维，分析如下：

第一，"合于利而动，不合于利而止"。《孙子兵法》曾两次强调"合于利而动，不合于利而止"。一次是在《九地篇》，孙武曰：

> 所谓古之善用兵者，能使敌人前后不相及，众寡不相恃，贵贱不相救，上下不相收，卒离而不集，兵合而不齐。合于利而动，不合于利而止。①

一次是在《火攻篇》，孙武曰：

> 主不可以怒而兴军，将不可以愠而致战。合于利而动，不合于利而止。怒可复喜，愠可复悦，亡国不可以复存，死者不可以复生。故明君慎之，良将警之，此安国全军之道也。②

分析孙武两次强调"合于利而动"，不难发现，尽管表述完全相同，但并非同义反复。第一次讲"动"是从战争层面强调：符合国家利益才用兵，不符合国家利益就停止用兵。第二次讲"动"是从战术层面强调：对我有利就打，对我不利就不打。显然，无论是发动战争行动还是采取战术动作，都要遵循"合于利而动，不合于利而止"的原则。《孙子兵法》几乎篇篇讲"利"。可见，孙武"合于利而动"的原则，在其兵法中占有举足轻重的地位。高明的将帅要勇于趋利避害、敢于趋利避害、善于趋利避害，领导者

① 吴九龙：《孙子校释》，军事科学出版社1991年版，第194—195页。
② 吴九龙：《孙子校释》，军事科学出版社1991年版，第231—232页。

又何尝不是如此呢？趋利避害是领导者决策与执行过程中践行的基本取向。如何趋利避害，根本原则就是"合于利而动，不合于利而止"。

第二，"非利不动、非得不用、非危不战"，"利"是战略选择的基本依据。孙武提出的"三非原则"是其慎战思想的集中体现，同时也揭示了一条重要的战略原理，即在选择战略目标和确定是否采取战略行动时，一定要以"利"作为基本的依据。为什么战略决策要以"利"为基本依据呢？因为人的本性是趋利避害的。荀子说："人之性，生而好利。"司马迁留下一句至理名言："天下熙熙，皆为利来；天下攘攘，皆为利往。"曹操言："人情见利而进，见害而退。"由此看来，逐利是人类行为的自然趋势。这一规律和准则也揭示了"利"在战略思维中的重要地位和作用。"利"决定了我方应做什么，将做什么，力量投放哪个方向，往哪个方向用、怎么用。对敌方亦是如此。明智的战略思维和战略决策，其主要依据就是"利"。工作中一切思路和变化都是围绕着"利"与"害"而展开的。把握住这点，就能明确战略思路，抓住工作重心，懂得资源、力量如何用，具体方法和策略如何变，"利"从本质上决定了领导工作的根本目标和方向。

第三，"智者之虑，必杂于利害"。"利"与"害"是一个统一体。孙武说："智者之虑，必杂于利害。杂于利，而务可信；杂于害，而患可解也。"[1]在这段话中，"杂"是统筹的意思，此字极为重要。他告诉我们，利害交织，共存一体，世间既无单纯绝对之利，亦无单纯绝对之害。比如人才的选择，聪明智慧的人有能力、业绩好，但往往个性很强，桀骜不驯、恃才傲物，难以管束，对此类人的重用，领导者必须有利害兼顾的意识，善于发挥和运用其长处。大凡高明的领导者无不深明其意，即要以对别人长处的运用作为自己发展的机会，善于识察人的优势，最后赢得事业的成功。这正是当今领导者亟须学习汲取的用人之道。

第四，"途有所不由，军有所不击"，在某些利益面前，要懂得舍弃和

---

① 吴九龙：《孙子校释》，军事科学出版社 1991 年版，第 137 页。

拒绝。孙武讲:"途有所不由,军有所不击,城有所不攻,地有所不争。"①指挥者在激烈的对抗当中,一定要懂得和善于舍弃、拒绝。这种气质集中反映了领导者的战略定力和战略素养,也表现了他对主要战略目标的执着追求。"将欲取之,必先予之",战略的本质就是选择何者可为何者不可为。领导者在处理事务过程中,不可能面面俱到,也不必处处小心,关键是把握住大局和大事。在必要的时候,要舍得割爱,敢于拒绝。有些时候,从辩证的角度看,割舍就是一种获得,拒绝将意味着回报,这是一个战略决策和战略执行的艺术问题。

第五,"不尽知用兵之害者,则不能尽知用兵之利也"②,必须立足于最坏的结果和最困难的情况作出决策。孙武把"害"放在"利"之前是有意安排,充分反映了知"害"晓"利"的辩证思想。任何事物都存在矛盾,既然存在矛盾就必然存在对立统一。只有充分看到"害",才能充分认识"利"。对领导者来说,充分考虑最坏情况,立足最坏情况做准备和谋划,只会有好处,绝对没有坏处。充分考虑最有害因素,才能有效防止最有害情况发生。实践中有人往往看到"利",忽视"害",从而导致战略决策的片面性。如果对最坏的情况有所打算,在逆境中就仍能生存,那么在顺利中就更好办。

第六,"军争为利,军争为危"③。意为争夺军事上的先机之利,掌握战争主动权,既有有利一面,也有有害一面。在现实的对抗中,战略决策者都会面临这种利害并存、利害兼有的两难困境。如何选择呢?要在"利"与"害"的程度比较中完成。两利相较,丢大利,取小利,本身就是"害";两个害中,择小害,避大害,这本身就是"利"。这其中蕴含着深刻的哲理。

领导者遵循"在利思害""在害思利"这一利害原则进行战略思维,需

---

① 吴九龙:《孙子校释》,军事科学出版社1991年版,第134页。
② 吴九龙:《孙子校释》,军事科学出版社1991年版,第23页。
③ 吴九龙:《孙子校释》,军事科学出版社1991年版,第111页。

要把握以下三个方面。

（一）底线思维："在利思害"

底线是不可逾越的警戒线，是事物质变的临界点。底线思维就是把最坏情况想清楚，也就是说，事情发展最坏也不过如此。最坏情况的应对措施想清了，其他情况自然能应对自如。另外，处理问题或化解矛盾，要想好最后的退路，想好让步或妥协的底线。底线思维所考虑的问题是情况最坏的时候怎么办？情况好的时候会不会有什么意外情况需要提防？情况最好的时候，能否乘胜追击，扩大战果，拓展领域？情况坏时，会不会完全崩盘，如何才能保证不崩盘不失控？如此才能实现孙武所讲的"务可信""患可解"。此外，对问题处理或矛盾化解制订预案是在利思害底线思维指导下的具体操作方法。

（二）超前思维："在害思利"

领导实质是预见。领导之所以比部属站得高看得远，全在于掌握方方面面的信息基础上作出预判，而要科学预判，则要具备"在害思利"的超前思维。超前思维就是要提前想到解决问题或化解矛盾的过程中可能会遇到哪些困难，提前想好应对之策。超前思维需要思考三个方面的问题：

其一，尽最大可能把情况想全面，把所有能想到的问题都想到。天时、地利、人和方面情况如何？"道""天""地""将""法"等方面情况如何，情况想得越细越全面越好。

其二，尽可能把问题想细。细节决定成败，方向决定趋势。领导者既要有把握方向的能力和方法，又要有做实细节的能力和方法，察细节而知化解矛盾的关键，辨趋势而知解决问题的时机。

其三，尽可能作最坏的打算。把解决问题或化解矛盾过程中可能出现的最坏情况想清楚，并计划最坏情况的应对之策，这样才不至于最坏情况时措手不及。

（三）辩证思维："利害转化"

利与害是一对矛盾，矛盾双方是相互转化的。要辩证地分析利与害，判断是利还是害，不同视角、不同时段、不同节点，均有不同的结论。因此，不能静止地、片面地、机械地就利与害下结论，而要辩证地分析，适时化害为利，在害察利。孙武还强调："不尽知用兵之害者，则不尽知用兵之利也。"这说明，思考问题，看到利要想到害，看到害要想到利。利中看到害，做事就有底数；害中看到利，做事就有方向。利与害是矛盾的，既然是矛盾的，当然就存在同一性与斗争性的问题，因为矛盾双方相互转化也是必然的。

领导者战略思维在很多本质性问题的处理上，也都反映在利与害的平衡、转换、交换上。把握住利与害的辩证关系，最关键的是要有战略眼光，要能站在全局看问题、思考问题，否则就要吃大亏。就像下围棋，你可能在某一局部厮杀能力很强，但当你吃掉对方一枚棋后，发现自己还是输了，因为你没有全局观，不懂得牺牲局部而在全局上获胜。

四、主动原则："力避被动""力求主动"

主动与被动是作战中极为重要的一对概念，解决问题化解矛盾也是如此。主动与被动不是一成不变的，而是受时间、空间影响，可能发生转化。因此，从此时与彼时、此处与彼处、局部与全局等方面看，主动与被动都是辩证的。孙武强调在战场上的战争主动权，重视在作战态势营造上的主动，提出"善战者，求之于势，不责于人，故能择人而任势"[1]，以求达到"致人而不致于人"的目的。为达到这一目的，孙武认为：

一要善于以"奇正"用兵。"凡战者，以正合，以奇胜"[2]。只有奇兵

---

① 吴九龙：《孙子校释》，军事科学出版社1991年版，第79页。
② 吴九龙：《孙子校释》，军事科学出版社1991年版，第71页。

方可取胜，但作战也离不开以正用兵，必须要把握战争态势中的"奇正"关系及其间的转化，才可争取主动；"兵之形，避实而击虚"。①

二要做到"避实击虚"。强调要集中攻击敌人薄弱环节。而敌人并不是一成不变的，其虚实之势也根据具体作战条件而发生转化，因此要"因敌而制胜"，做到灵活机动。

三要集中优势兵力。"识众寡之用者胜"②，以众击寡是争取主动的关键，进而提出"故形人而我无形，则我专而敌分；我专为一，敌分为十，是以十攻其一，则我众而敌寡。能以众击寡者，则吾之所与战者，约矣"③，进一步强调了集中优势兵力的重要性。

领导者遵循"力避被动""力求主动"这一主动原则进行战略思维，需要重点把握以下三个方面。

（一）积蓄实力："可胜在敌"

孙武提出了"形胜"思想。谋"形胜"是获得"先胜"条件的重要保证。孙武指出："不可胜在己，可胜在敌。故善战者，能为不可胜，不能使敌之可胜。"④ 意为能否不被对手战胜，取决于自己是否有实力和办法。能否战胜对手，则取决于对手是否出现失误或出现被我战胜的机会。所以我可以主动创造先胜的条件，但却没有办法使对手一定出现被我战胜的机会。也就是说，不被对手战胜的主动权掌握在自己的手中，而能否战胜对手的主动权却掌握在对手手中。

怎样牢牢掌握自己的主动权不丢失？孙武认为必须建立强大的军事实力即"形"。这个"形"与对手相比，必须具有绝对的优势，即所谓：胜兵若以镒称铢，败兵若以铢称镒，称胜者之战民也，若决积水于千仞之溪者，

---

① 吴九龙：《孙子校释》，军事科学出版社 1991 年版，第 102 页。
② 吴九龙：《孙子校释》，军事科学出版社 1991 年版，第 94 页。
③ 吴九龙：《孙子校释》，军事科学出版社 1991 年版，第 92—93 页。
④ 吴九龙：《孙子校释》，军事科学出版社 1991 年版，第 53—54 页。

形也。^①强大的实力加上科学的庙算，就具备了"先胜"的必要条件。因此，寻求"胜"的方法，立足点是谋己之"形"，而不是寄希望于对手没有实力和拱手让出主动权。

孙武提出："先为不可胜，以待敌之可胜。"^②不可胜是什么？就是不被对手战胜的实力。对于一般性对抗来说，就是要具备实力，这个实力包括不被打败和打赢对手两个方面。当然，孙武所强调的实力，仅就军事实力而言，如人员、武器、编制及作战思想，而且在冷兵器时代，更为强调人的因素。今天看来，领导者化解矛盾或解决问题的实力，强调的是综合实力，包括物质条件、精神条件，如态势、心理状态、政策，等等，这些是掌握主动的前提条件。

（二）营造态势："不致于人"

把握有先胜之"形"固然重要，但还只是具备了胜利的可能性。要把可能转变为现实，还必须正确运用"形"，让实力得到正确和充分的发挥。孙武"势胜"思想，科学解决了"形"的运用问题。《孙子兵法》关于势提出了多个概念。比如："态势""战势""威势""锐势""乘势""假势""气势""随势""地势""识势""造势""任势"等，势是一个泛概念，在孙武所处的时代，还没有战略、战役和战术等概念的区分。孙武对势的问题无法分层次论述，只能笼统地论述。今天人们对势的认识进一步深化了，如何营造战略态势、如何进行战役布势、如何争取战术位势等都值得思考和研究。

当然我们从孙武仅有的论述中，去揣摩孙武的本义，去思考对今天的启发。正如钱穆在论述古代制度时指出：

> 后代人单凭后代人自己所处的环境和需要来批评历史上已往的各项制度，那只能说是一种"时代意见"，时代意见并非全不

---

① 吴九龙：《孙子校释》，军事科学出版社 1991 年版，第 64 页。
② 吴九龙：《孙子校释》，军事科学出版社 1991 年版，第 53 页。

合真理，但我们不该单凭时代意见来抹杀已往的"历史意见"。①

孙武提出："故善战者，求之于势，不责于人，故能择人而任势。"② 意为善于用兵的人，总是设法创造有利态势，而不苟求部属，不强求人力而选择良将去创造和利用有利态势。

孙武明确要求将帅要善于识势、造势和任势，通过把静态的"形"调动部署为运动的"势"，形成"如转圆石于千仞之山"的"胜势"，这样就可以把先胜之"形"转化为必胜之"势"。如何求之于势？孙武认为两条：不责于人，释人任势。不责于人，指不苟求于人。释人任势，指不考虑人，专考虑势。综合起来就是顺势而为必胜，逆势而为必败。寻求"胜"的方法，着眼点是"择人任势"，把先胜之"形"用足。

领导者运用孙武的思维解决问题或化解矛盾，要学会营造良好态势，比如加强形势教育，让部属顺势而为，加强宣传引导，利用强大的宣传攻势，让对手在大量的信息面前不得不顺从大势。加强思想工作，施加多方压力，逐步转化工作对象的思想认识，这些都是营造致人而不致于人的态势。

（三）掌握先机："敌之可胜"

先机的掌握源于预知。孙武强调：

> 故明君贤将，所以动而胜人，成功出于众者，先知也。先知者，不可取于鬼神，不可象于事，不可验于度，必取于人。③

简言之，领导者在解决问题或化解矛盾中能够游刃有余，一定是做到

---

① 钱穆：《中国历代政治得失》，九洲出版社 2011 年版，第 3 页。
② 吴九龙：《孙子校释》，军事科学出版社 1991 年版，第 79 页。
③ 吴九龙：《孙子校释》，军事科学出版社 1991 年版，第 237—238 页。

了先知先觉，掌握了主动权。

先机的掌握动于预判。正确的部署来源于正确的决心，正确决心来源于正确的判断。只有在情况明了之后，快速地研判情况，定下决心，才能够掌握先机，反之则失去先机。预判的依据是孙武所强调的"五事七计"。领导者战略思维过程中，对情况的预判，一方面，从问题发展逻辑上分析问题发展的可能动向、问题发展过程中可能出现的问题以及问题发展可能产生的后果。另一方面，从问题影响因素来分析，政治因素决定能不能做，人的因素决定谁来做，如何最大程度发挥人的主观能动性。财的因素决定有没有财力保障，如何把有限的财力用在刀刃上。物的因素决定物资保障。凡事做最好的努力，做最坏的打算。比如：领导者与上级或同级汇报协调工作，开口之前要做好功课，对方可能对自己提出的问题会是什么态度，对自己提出的条件可能会提出什么样的驳斥理由，等等，都要在应对上提前准备。

先机的掌握成于预置。一方面要占领先机，看到机会就要下手，就要赶紧去行动。边行动边完善，你能想到的，别人也一定想到了，差别就是看谁先下手。另一方面要不管质疑，做任何事都会遭到各种各样的质疑，这时需要有战略定力，不能让外界噪音干扰了行动，甚至都不用回应质疑，回应质疑就会争论，争论就会丧失机会，回应质疑的最好办法是用事实证明一切。

五、攻守原则："攻守统一""战道必胜"

关于攻守，《孙子兵法》有系列的阐述，比如"不可胜者，守也，可胜者，攻也。守则不足，攻则有余"[①]；比如"善守者，藏于九地之下；善攻

---

① 吴九龙：《孙子校释》，军事科学出版社 1991 年版，第 55—56 页。

者，动于九天之上"①，意为防守就要深深地隐藏起来，让敌人找不到踪迹，进攻就要做到动作迅猛，势不可当。"胜可知，而不可为"②，意为胜利是可以预见的，但不能强求。孙武的这些论述，系统地阐述了攻守这两种作战行动样式，并且还分别论述了什么情况下攻，什么情况下守，为什么攻，为什么守，如何攻，如何守等问题。孙武还认为，胜利是可以预见的，但却不能强求。对领导者而言，在明白了做什么和为什么做之后，关键就是怎么做的问题。而对于怎么做，无非就是孙武所言的攻与守。

关于战道，"古语云：不违时，不历民病，所以爱吾民也；不加丧，不因凶，所以爱夫其民也；冬夏不兴师，所以兼爱其民也。故国虽大，好战必亡；天下虽安，忘战必危。天下既平，天下大恺，春蒐秋狝，诸侯春振旅，秋治兵，所以不忘战也。"意为：作战的原则是，不违背农时，不在疾病流行时兴兵作战，为的是爱护自己的民众；不趁敌人国丧时去进攻它，也不趁敌国灾荒时去进攻它，为的是爱护敌国的民众；不在冬夏两季兴师，为的是爱护双方的民众。所以国家虽然强大，好战必定灭亡；天下虽然太平，忘掉战争准备，必定危险。即使天下已经平定，全国欢腾，每年春秋两季还是要用打猎来进行军事演习，各国诸侯也要在春天整顿军队，秋天训练军队，这都是为了不忘战争准备。

（一）攻守之道：可胜则攻不可胜则守

"不可胜者，守也，可胜者攻也"③，此言攻守之道。孙武提出了"防守"与"进攻"两种行动样式，其思考问题的基本点是保存自己，消灭敌人，这也是进攻或防守的目的所在，即便是今天看来，仍是战争中的基本作战样式和基本作战目的。其他任何行动的组织、实施和变化，都是这两种样式的更具体的展现。如：奇正涉及战术变化，专分涉及兵力调度，虚实

---

① 吴九龙：《孙子校释》，军事科学出版社1991年版，第56页。
② 吴九龙：《孙子校释》，军事科学出版社1991年版，第55页。
③ 同上。

涉及方向选择，迂直涉及路线确定，用势涉及力量运用和发挥等。战争之奥妙，无非"攻守之道"。寓攻于防、寓防于攻，攻中有守、守中有攻，只有把攻防融为一体的人，才算是能够灵活驾驭攻防艺术的高明领导者。

对领导者而言，无非就是动与守两种方式。对于解决问题或化解矛盾，实力和时机俱备的时候就动，不俱备的时候，就守，积聚实力，等待时机。当解决问题时机还不成熟的时候，就不要冒然出手。既然出手，就一定要有胜算，如果没有胜算，就暂时不要出手。这个时机呢，至少得满足两个条件，即已具备解决问题实力，且找到了解决问题突破口，二者缺一不可。如果实力具备，但找不到突破口的话，难以形成决定性胜利。如果发现了解决问题时机，但实力不具备，那也可能被打败，甚至失去已有优势。

（二）攻守统一：攻因有余守因不足

"守则有余，攻则不足。"此言攻守辩证关系。攻守行动与力量之间的关系，揭示了"众寡之用"的一般规律。无论是战争或化解矛盾，攻与守都各有利弊。"从劳佚的角度看，守者佚而攻者劳，守者有利；从专分的角度看，攻者合而守者分，攻者有利。"[①] 所以，胜负的结果很难从攻守的形式上来确定，关键是在自身实力的基础上，掌握好攻守平衡，把握住攻守之间的辩证关系。力量多，能够战胜对手，就进攻；力量少，无法战胜对手，则防守。面对众寡，孙武甚至论述更为具体。如：

> 故用兵之法：十则围之，五则攻之，倍则战之，敌则能分之，少则能守之，不若则能避之。故小敌之坚，大敌之擒也。[②]

攻守之道讲究实力对比，只有在实力对比基础上才能确定正确的攻防策略。还有一种情况，那就是实力均等的条件下如何决策。在实力均衡和机

---

① 洪兵：《中国战略原理解析》，军事科学出版社 2002 年版，第 286 页。
② 吴九龙：《孙子校释》，军事科学出版社 1991 年版，第 42—43 页。

会均等的条件下，《孙子兵法》是更青睐于进攻的。从《孙子兵法》整体来看，孙武用于进攻的篇幅远远大于用于防守的篇幅。比如《九地篇》与《火攻篇》等就是关于进攻战术的专篇，尤其对客地进攻作战，孙武提出"深入则专，主人不克"①。孙武认为，越是深入敌境作战，越能凝聚军心，敌越不能战胜我。对于如何进攻，孙武还提出"在于顺详敌之意，并敌一向，千里杀将，此谓巧能成事者也"②。意为谨慎地考察敌人战略意图，集中兵力于主攻方向，千里奔袭，斩杀其将，这就是所谓巧妙用兵实现克敌制胜的目的。在孙武之后，几乎所有的军事家都强调积极的进攻，因为进攻是最好的防守。

攻守原则的运用要着重处理好局部和全局的关系。如何处理呢？需要把握三点，即：第一，局部弱，为了全局，打不赢也要打；第二，局部强，为了全局，打得赢也可以不打；第三，打与不打，依全局需要而定。

实施阻击战的我方兵力肯定小于敌方的兵力，但这个仗打不打呢？当然要打，安排打阻击的目的就是要用较少的兵力拖住敌人大部兵力，为主力机动转移赢得时间，局部的牺牲为全局的胜利提供条件。是不是只要兵力强于对手就可以开战？不是。必须根据作战全局的需要来确定打与不打。在局部力量比敌人强大的时候也要示弱，也必须得示弱，因为局部的示弱是为了全局的胜利。

于领导者而言，则强调主动化解矛盾解决问题，而不要等到问题出现之后再被动地解决问题。与其被动应对，不如主动发力，掌握好攻与守的关系。攻的过程，是一个释放能量的过程，守的过程，是一个积聚能量的过程。也就是说，当能量不够的时候，不要急于出手，而要采取守势，在守的过程中不断积聚能量，而且守的时候，还不能暴露自己的行踪与打算。动的时候呢，则要一气呵成。

---

① 吴九龙：《孙子校释》，军事科学出版社 1991 年版，第 196 页。
② 吴九龙：《孙子校释》，军事科学出版社 1991 年版，第 213 页。

（三）战道必胜：攻动于天守藏于地

"善守者，藏于九地之下；善攻者，动于九天之上。"[①] 此言基本要求。"藏于九地之下"，是讲防御之深，"动于九天之上"，是指进攻之快。攻守原则实际上也是力量原则，即：没有力量完成任务的时候，就积蓄力量，有力量完全任务的时候，就是动于九天之上，不干则已，出手就要干成。

防守是以弱制强，善于防守的将帅，一定会在防守中把自己的真实情况隐藏起来，使自己处于一种"微乎微乎，至于无形；神乎神乎，至于无声"[②] 的状态。当然，防守的过程，也是积蓄力量、等待战机的过程。进攻，是以强制弱，在作战上多追求一种自上而下、摧枯拉朽的"势"。势的形成源于两方面，一方面源于势险，既要找到关键性的时间和关键性的地点，形成一种"积水千仞"的强大实力或"转石高山"的险峻态势。另一方面源于节短。即进攻中要以"激水漂石"的速度和"节如发机"的节奏，通过瞬间的能量爆发，形成摧毁性的攻击力量，使对手根本没有时间和机会来组织抵抗。于领导者而言，掌握攻守的方法，需要把握两点：其一，一旦出手，就要给对方以压倒性的优势，制胜对手，不要给对手以还手或缓冲的机会。其二，一旦实力具备，且掌握时机后，决定出手就要快，动手也要快，掌握节奏，切忌犹豫不决，最好能以迅雷不及掩耳之势把问题解决。

孙武的攻守原则要求指挥员充分发挥主观能动作用，利用一切可以利用的客观条件，创造对我有利的态势和战机，"守"则使敌人无形可窥，无隙可乘；"攻"则使敌人措手不及，茫然应对。孙武将辩证法的对立两个方面，融于具体之中，虚实相映，奇正相生，攻守兼备，悬权而动。可以说，这些内容的背后都潜藏着一种更重要的哲学和一种无法形容的智慧。领导者在化解一般矛盾和解决问题的过程中，掌握孙武的攻守思想，也离不开辩证哲理基础上的悟性，所谓"兵家之胜，不可先传""运用之妙，存乎一

①吴九龙：《孙子校释》，军事科学出版社 1991 年版，第 56 页。
②同上。

心"。任何攻守行动都是基于矛盾对立统一中的一种临机发挥的艺术，也恰恰是攻守原则运用的精髓。

作战的最佳结果就是胜利。所有关于作战的理论与实践，都是围绕胜利展开的，一旦开战，除了胜利别无选择。领导者战略思维结果是能够解决问题化解矛盾。当然，在某一全局中，可能会出现某个局部示弱或求败的可能性。比如阻击战或穿插行动，对于胜利的要求，要么是尽量拖延时间，要么是突然出现在敌人的后方，给对方造成强大的心理压力。这样的行动，对胜利的要求，与作战中完全胜利相比是完全不同的。阻击拖延了足够的时间，穿插到达预定的目的，就是胜利。于领导者处理问题或化解矛盾而言，就是要追求"战道必胜"的行动结果，就是把矛盾化解，把问题解决。工作中的思路、措施和方法都是围绕解决问题和化解矛盾这一目标而来的。领导的作用就表现在解决问题和化解矛盾的过程中，通过目标引领、定下决策、指导行动，达成行动的结果。

此外，孙武还提出"胜可知，而不可为"，这就是告诉人们，胜利是可以预见的，但却不能强求；在无法取得胜利的时候，得先求自保。

> 昔之善战者，先为不可胜，以待敌之可胜。不可胜在己，可胜在敌。故善战者，能为不可胜，不能使敌必可胜。故曰：胜可知，而不可为。①

"战胜对手"与"被对手战胜"是一对矛盾。"先为不可胜"，就是先求自保，尽量消除自身后患，使自己立于不败之地；"以待敌之可胜"，就是耐心等待对方失误，敏锐地抓住作战良机，一举战胜对手。前者可以通过主观努力达成，所以说"能为不可胜"，后者属于客观条件范畴，能否取胜要看对手是否出现机会，所以说"不能使敌必可胜"。对于领导者而言，

---

① 吴九龙：《孙子校释》，军事科学出版社 1991 年版，第 53—55 页。

即使解决问题或化解矛盾的时机不成熟，也不要急躁，更不能急于求成，而要稳住阵脚，等待时机。当然还有一种情况，就是矛盾双方僵持，于作战而言，就是平局；于领导者而言，就是先搁置一下，等待变化后再予以解决。

关于原则，恩格斯曾尖锐地批评过杜林的观点。杜林哲学的分类是把他所谓的一切存在的基本形式的原则放在最前面，然后才是自然界和人类，就像黑格尔的"绝对精神"运动的次序一样。恩格斯指出：

> 他所谓的原则，就是从思维而不是从外部世界得来的那些形式的原则，这些原则应当被运用于自然界和人类，因而自然界和人类都应当适应这些原则。[①]

针对杜林的唯心主义观点，恩格斯用唯物主义观点批判了唯心主义的先验论，坚持了物质决定意识的唯物主义观点。恩格斯认为：

> 原则不是研究的出发点，而是它的最终结果；这些原则不是被应用于自然界和人类历史，而是从它们中抽象出来的；不是自然界和人类去适应原则，而是原则只有在适合于自然界和历史的情况下才是正确的。[②]

引用上述关于"原则"的阐释是想说明，战略思维遵循的原则是把规律化为实践的语言。《孙子兵法》战略思维原则，是适应于"自然"和"历史的情况"的。尽管孙武没有明确提出战略或战略思维原则的概念，但是，分析研究《孙子兵法》的文本，可以从中提炼出《孙子兵法》战略思想背后隐藏的战略思维原则，结合今天的话语体系，可以归纳为政治、虚实、利害、

[①] 恩格斯：《反杜林论》，人民出版社 1970 年版，第 31 页。
[②] 恩格斯：《反杜林论》，人民出版社 1970 年版，第 32 页。

主动和攻守五大原则。归纳起来，《孙子兵法》对领导者战略思维原则的启示主要表现在五个方面。"利合于主""唯民是保"的政治原则是致胜灵魂。领导者战略思维必须坚持促进党和国家事业的发展，必须政治上与党中央保持高度一致。思想和意志的统一，才能形成磅礴的力量，在强大的力量面前，一切细微的杂音或障碍都是微不足道的。"避实击虚""因敌制胜"的虚实原则是致胜关键。领导者战略思维中，必须明确要做什么，不能做什么，先做什么，再做什么。多干实事，少搞虚的政绩工程，顺境中要超前避免风险和危机，在逆境和困境中要有战略定力，能够坚定目标不动摇；集中优势兵力，各个击破难点，这是致胜的不二法门。"在利思害""在害思利"的利害原则是致胜依据。领导者战略思维中，强调合于利而动，这个利是大利、公利和长远利，谋大利立功，谋公利立威，谋长远利立德。"力避被动""力求主动"的主动原则是致胜态势。势如破竹、顺势而为，在主动的态势下"不战而胜"，反之，被动挨打，再怎么努力终将无济于事。"攻守统一""战道必胜"的攻守原则是致胜有为。领导者战略思维中，不但决策要科学，还要有很强的执行力，把正确的事情干正确了。攻守的要义是机动灵活，多措并举，正确地做事。这些原则，也是领导者进行战略思维必须遵循的基本原则，是战略思维规律的科学反映。

第四章 《孙子兵法》与领导者战略思维目标

领导者进行战略思维，除了要遵循科学的战略思维原则外，选择和确立战略思维目标也是非常重要的。因为战略思维目标既是战略思维的终点，也是战略思维的逻辑起点。战略思维必须围绕战略思维目标来进行。通过分析和研究《孙子兵法》战略思维目标观我们可以发现，《孙子兵法》提出的"安国全军""利合于主"的庙算战略思维目标观，特别是《孙子兵法》战略思维目标选择定位于"胜"，战略思维目标制定依据为"知"，战略思维目标完成要求为"全"，战略思维目标实现方式受制于"道"，对领导者科学地进行战略思维具有规范、制约和导向作用。

一、目标选择：定位于"胜"

任何战略思维目标的追求，都归结为"胜"。于战争而言，"胜"就是战争中赢得胜利，于战争之外的矛盾化解或解决问题而言，"胜"就是达成既定目标。

本质上作为兵书的《孙子兵法》，将成书的目的定位于致胜是理所当然的。为什么说《孙子兵法》本质上是部兵书呢？我们可以从孙武的家庭出身、写作目的、兵书的语言元素和思想体系四个方面进行分析。

其一，从孙武的家庭出身来看，孙武出身于贵族家庭，贵族家庭的孩子有研究军事的传统，东方西方国家都是如此。孙武继承了这个传统，而且又有从事军事实践活动的基础，因此，说这部《孙子兵法》是兵书，当然说得过去。

其二，从孙武的写作目的来看，孙武写这部著作，本意是想得到吴王的赏识，以求建立军功，以成就吴国的霸业。孙武写兵书、呈兵书给吴王，目的在于立军功。

其三，从《孙子兵法》语言元素来看，具有明显兵学特色。在《孙子兵法》文本中，兵、战、策、攻、守、斗、军、将等军事术语非常多，而且这些军事术语多数仍然为今天所用。而且即便是书中所举事例，也多与作战相关。因此，将其定位于兵书，名副其实。

其四，从《孙子兵法》思想体系来看，军事色彩相当浓厚，有相对完整的军事思想体系。用现在的军语来看，战略与战术、进攻与防守、行军与布阵、政治工作与后勤工作等，都有涉及。可以说，这是一部相对系统、相对完整的兵书。

《孙子兵法》通篇论胜，形成了一套完整的制胜理论体系。既然是兵书，其战略思维目标定位于求胜合情合理。杨新博士认为：

> 《孙子兵法》通篇论"胜"，既论如何进行战争运筹，又论如何用兵取胜，更论如何追求战争胜利的境界。三方面的"胜"的思想，反映了《孙子兵法》独特的战争制胜理论和军事思想体系构成。[1]

他甚至从算胜、备胜、谋胜、先胜、形胜、势胜、称胜、治胜、道胜、交胜、奇胜、致胜、知胜、见胜、间胜、智胜、速胜、易胜、全胜、固胜、无胜等方面总结和梳理了胜的思想。

《孙子兵法》揭示矛盾对抗基本规律，完全可以应用于一般矛盾对抗。作为一部军事理论著作，因为揭示了一些朴素的唯物主义观点，而且揭示了矛盾对抗中的基本规律，所以又被认为是一部哲学著作，在历史长河中

---

① 杨新：《"胜"解〈孙子兵法〉军事思想体系》，《滨州学院学报》，2013 年第 10 期。

流传至今，尤其到了管理学、营销学在市场经济条件下越来越成为显学的今天，市场如战场的观点不绝于耳，于是，人们很容易想到把《孙子兵法》基本观点嫁接到管理学和营销学等相关研究领域。《孙子兵法》在哲学层面有实践论和方法论，而不是社会交往层面的权谋和诈机，这是《孙子兵法》与三十六计命题的根本区别。譬如：兵不厌诈、欺骗、伪装等，应用于战争亦无可厚非，应用于其他领域则有可能被认为是不道德。正如古人所言："不谓诈其民，谓诈其敌。"领导者如何运用《孙子兵法》在目标选择上定位于"胜"这一思想呢？

（一）涵养见胜智慧

所谓见胜，就是能预见常人之所不能见的战争条件所蕴含的胜败之机。毛泽东曾经指出："没有预见，就没有领导""为着领导，必须有预见"。什么是预见，预见就是在地平线上刚冒出来一点的时候就能看到它的将来的普遍意义。孙武指出：

> 见胜不过众人之所知，非善之善者也；战胜而天下曰善，非善之善者也。故举秋毫不为多力，见日月不为明目，闻雷霆不为聪耳。[①]

能够预见常人所能想到的制胜之策，并不能说明将帅有超常智慧，也不能达到"善之善者"境界。孙武对将帅这种超常的预见能力有较高要求。既要看到战争客观条件中别人看不出的利害和趋势，又要能够形成没有带来"智名"和"勇功"的战略决策。从作战的角度看，见胜是将帅的能力，于领导而言，可以认为，领导就是预见，而且领导者预见还有其特殊性。比如：

---

① 吴九龙：《孙子校释》，军事科学出版社 1991 年版，第 57—58 页。

从总体看，领导者预见更带有全局性。战略是对客观事物的总体趋势和规律的反映。因而作为领导者预见，必须从客观事物全局出发，事先估计事关全局的未来实践或当前实践的未来后果。领导者必须把预见作为战略思维的出发点和落脚点。只见局部的领导者，当然谈不上战略思维。

从时间看，领导者预见带有长期性。当然，不同的战略问题和目的，其预见的着眼点也不同。领导者预见的这种特点，也增加了领导者战略思维的难度和复杂性。只见眼前的领导者，也谈不上战略思维。

从过程看，领导者预见更有综合性。不论哪一级领导，他们预见的对象，既涉及经济的，又有政治的、文化的；既有发展经济的问题，又有改善人民生活的问题；既要谋划发展，又要应对挑战。因此，领导者的任何一项工作都不是单一的，而是包含诸多方面的矛盾统一体。只有从多角度综合分析这些预见，才能作出符合实际的决策来。

从形势看，领导者预见更有挑战性。世界面临百年未有之大变局。在这个大变局中，中国面临西方敌对势力对我国实施西化、分化的图谋不会改变，对领导者来说，既是考验，也是极大的挑战。科技革命深刻地改变着人类的社会生活，经济全球化进程在曲折中发展，世界格局多极化不可逆转，各种文化思潮相互激荡，给领导者预见带来严峻挑战。

（二）积聚先胜实力

胜兵与败兵的区别是"胜兵先胜而后求战，败兵先战而后求胜"，因此孙武强调善于用兵作战的人要"先为不可胜，以待敌之可胜"①。孙武"先胜"思想，既包括营造先胜实力，也包括要有先胜方法和充分准备，即"无恃其不来，恃吾有以待也"。在《形篇》中孙武主张要处理好"先胜"和"争胜"的关系，谋划战争要通过"度""量""数""称""胜"系统分析，强调将帅要具有"见胜""战胜"和能够实现"自保而全胜"的认识战争和指

---

① 吴九龙：《孙子校释》，军事科学出版社1991年版，第53页。

导战争战略思维能力，强调将帅要遵循"无智名，无勇功"①，追求"易胜"之道的战略思维原则。寻求"胜"的方法，首先要遵循"先胜"原则，能做到先胜，就能保证百战不殆，安国全军。

领导者战略思维中谋划积聚先胜的实力，就是在以己方为中心，着眼于现有条件，在提质增效、深化改革上下功夫，着力从先知、先算、先备、抢占先机和先势上思考如何积聚实力。

第一，先知是先胜的基础。先知是先胜思想的第一个逻辑环节，没有掌握大量的信息，一切无从谈起。《孙子兵法》中有关"知"的内容非常丰富，包括知彼知己、知天知地、尽知先知、知常知变等。在孙武看来，"故明君贤将，所以动而胜人，成功出于众者，先知也"②，孙武是史上第一个把信息提升到如此高度的人。没有信息，将帅不能知，军队不能动，其决策和目标都带有盲目性，所以孙武要求指挥者要比别人先获得信息，先得知情况，掌握主动。领导者就是"信息中心"，领导者就是组织的"中枢神经"，大数据时代领导者对信息的依赖程度更加凸显，因而要更加重视先知。

第二，先算是先胜的前提。先算是先胜思想的第二个逻辑环节。先算就是在先知的基础上，掌握大量的信息，然后对这些信息进行综合处理，然后对战争胜负作出科学预测。《孙子兵法·计篇》之"计"就是计算或运筹，孙武不仅指出了计算或运筹的内容为"五事七计"，而且还指出了计算和运筹的方法可以是"经之，校之或索之"。关于计算或筹划的结果呢，孙武指出：

　　未战而庙算不胜者，得算少也。多算胜，少算不胜，而况于无算乎！吾以此观之，胜负见矣。③

① 吴九龙：《孙子校释》，军事科学出版社1991年版，第59页。
② 吴九龙：《孙子校释》，军事科学出版社1991年版，第237页。
③ 吴九龙：《孙子校释》，军事科学出版社1991年版，第15页。

"多算"与"少算"便是计算或筹划的结果，而最终的结果则是预测胜负。于领导者而言，就是要通过这样的计算与筹划，正确预见和决策，继而对事物发展的前景、对问题可能的发展趋势进行预测。领导者也必须有预见，而且要高度重视预见。领导者战略思维所指向的应该是未来的方向、目标、规划、设计。用科学的方法去分析和研究地区或部门发展的影响因素及其发展变化趋势，寻求战略目标，为战略决策提供参考依据。

第三，先备是先胜的保障。先备是先胜思想的核心环节。先备思想有明确的未来导向。表现有三：

其一，先求自保再求胜。在作战中，"消灭敌人"和"保存自己"是一对矛盾。谁是主要矛盾？孙武明显侧重后者。只有保存自己，才能够最大限度地稳固后方，消除自己的不足与缺陷，进而避免失败的危险。

其二，先积累强大的实力。孙武讲"胜者之战民也，若决积水于千仞之溪者，形也"①，中国兵学传统强调以谋取胜。但孙武心里更加清楚，真正的谋略建立在实力之上。没有实力，空有谋略不行，一旦露馅，必然失败。

其三，是"求其在我"，即不应把希望和决策的基点放在对方如何变化上，而应放在自己在充分准备的前提下积极应对敌人的变化上。所以孙武强调"无恃其不来，恃吾以待；无恃其不攻，恃吾有所不可攻也"②，强调既立足于自身，又着眼于长远，力求形成一种以不变应万变的万全之策。

第四，抢占先机是先胜条件。先机是先胜思想步入实践领域的最重要的环节。"凡先处战地而待敌者佚，后处战地而趋战者劳。故善战者，致人而不致于人。"③孙武提出了"先机"思想。什么是先机？先机可能是一种态势，可能是某个时间点，可能是某个有利位置。占据了先机，便占据了主动权。于领导者战略思维来说，先机是一种极为宝贵的资源。如果是单位的

---

① 吴九龙：《孙子校释》，军事科学出版社 1991 年版，第 64 页。
② 吴九龙：《孙子校释》，军事科学出版社 1991 年版，第 139 页。
③ 吴九龙：《孙子校释》，军事科学出版社 1991 年版，第 84 页。

发展，则是多种因素促成的结果，可能来源于形势发展，可能来源于上级部门的推动，可能源于所属部门的呼声，等等，这些机会稍纵即逝，进退优劣往往就在转瞬之间。"机"与"时"密切相关，有"力"无"时"而无功，"力"不逢"时"则不发。在具体实践中，抢占机遇很大程度上还在于变的快慢、先后与技巧，只有处处先变一步，才能在抢抓机遇中胜人一筹。

第五，先势是先胜的关键。孙武先胜思想还表现为对势的控制和把握。势是战争或竞争过程中，指挥者在自身实力基础上，结合外部条件，发挥主观能动作用而形成的一种最大限度打击或制约对方的力量、态势或格局。谁先掌控了势，谁就先掌握了战争的主动权，也由此预先把握了战争的胜负结局。所谓"先势而动""先势夺人"，说的都是这个意思。正因为如此，无论是战争还是竞争，从开始的谋划、准备、发展到最后目标的达成，都有赖于指挥者对势的体认、领会和灵活运用。对领导者而言，孙武这种先胜思想的启迪价值特别表现为：如何抓住机遇促进发展，如何在宏观环境有利时乘势而上，追求能快则快；如何在宏观环境不利时，迎难而上，稳中求进。要预先把握住带有趋势性的东西，在综合大量现象的基础上，洞悉"势"之成因，细察"势"之发端，只有这样，才能早做准备，提前运筹，最终以求势来决定胜负。

（三）促成形胜态势

孙武指出："可胜在己，以镒称铢。"如何做到先胜呢？孙武又提出了"形胜"思想。谋"形胜"是获得"先胜"条件的重要保证。"不可胜在己，可胜在敌。故善战者，能为不可胜，不能使敌之必胜。"[1] 意为能否不被敌人战胜，取决于自己是否有实力和办法。能否战胜敌人，则取决于敌人的实力强弱和指挥是否得当。所以我们自己可以主动创造先胜条件，但却没有办法使敌人一定被自己战胜。也就是说，不会被敌人战胜的主动权掌握

---

[1] 吴九龙：《孙子校释》，军事科学出版社1991年版，第63—64页。

在自己手中，而敌人是否能够被我战胜的主动权却掌握在敌人手中。要牢牢掌握自己的主动权不丢失，孙武认为必须建立强大的军事实力，即"形"，这个"形"与敌人相比，必须具有绝对优势，即所谓：

> 故胜兵若以镒称铢，败兵若以铢称镒。称胜者之战民也，若决积水于千仞之溪者，形也。①

具备了强大军事实力，加之战前的科学庙算，就具备了"先胜"的必要条件。因此，寻求"胜"的方法，立足点是谋己之"形"，而不是寄希望于对手没有实力和拱手让出主动权。

"形"字在《孙子兵法》中共出现了 30 次，是一个使用频率颇高的概念，也是一个至关重要的军事术语。孙武论"形"主要体现在谋形、识形、示形和因形四个方面。② 孙武所强调的胜，并没有局限于把对手消灭，也没有局限于将对手置于死地，而是创造性提出了系列与胜相关的内容。比如：道胜，修道保法，战道必胜；交胜，其次伐交，交地无绝；奇胜，攻其无备，出其不意；速胜，兵贵神速，不尚巧久；易胜，胜于易胜，胜已败者；全胜，不战屈人，全争天下；固胜，战胜修功，力避费留；等等。这些把孙武求胜战略思维目标阐述得更加宽泛，境界也更高。领导者战略思维如何运用形胜的观点呢？

第一，筹形谋力。"形"即强大的军事实力。"筹形"是国家战前对军事力量的建设和筹划，就是通过修明政治、发展经济、加强军备等手段，来增强国力和军力，为战争创造"若决积水于千仞之溪"的物质条件，为军队奠定"立于不败之地"的实力基础。孙武认为，实力是根本，只有形成强大的实力，才能最终达到"自保而全胜"的目标。实力如何筹划形成呢？一方面，国家要高度重视军事力量的筹划和建设，要尽国家所能

---

① 吴九龙：《孙子校释》，军事科学出版社 1991 年版，第 63—64 页。
② 刘春志、李晓玲：《孙子形势论及其历史影响》，《滨州学院学报》，2010 年第 5 期。

加大对军事力量建设的投入，形成"若决积水于千仞之溪"的实力优势；另一方面，军力的筹划和建设，要同国家总体实力的提升相一致，要从"度""量""数""称""胜"入手，有限度地协调发展。从领导者化解矛盾解决问题来看，则要创造"决积水于千仞之溪"和"以镒称铢"的绝对优势，这样，一旦时机成熟，就可以形成"动九天之上"的威势，不出手则已，出手便能轻松地解决问题化解矛盾。

第二，识形谋法。于作战来说，"识形"就是战争指导者通过各种侦察、分析、计算、对比手段，充分认识和掌握敌"形"我"形"，辨识双方在军事实力上的强弱和优劣，做到"知彼知己，百战不殆"。孙武从战略和战术两个层面都提出了识形谋机的方法。从战略层面，孙武提出"识形"之法就是"策之而知得失之计"，即通过"五事七计"的战略运筹达到"识形"。"五事"强调从道、天、地、将、法五个方面，对敌我双方的综合实力加以计算和衡量；"七计"要求从敌对双方君主、将领、天地、法令、军队、士卒、赏罚七个方面进行分析和对比，从而认识战争胜负的基本规律，弄清敌我在战争计谋上的优劣，把握战争胜负的基本趋势。从战术层面上，孙武提出的"识形"就是"作之而知动静理"，即通过战术侦察和战场"相敌"达到"识形"。孙武还提出了相知三十二法。虽然这些方法相对于今天的形势来说，存在很大的局限性，但其中蕴含的"透过现象抓本质"的科学方法，深刻揭示出战场"相敌"的基本规律。从领导者战略思维角度来看，识形则需要从多种因素的影响来判断解决问题和化解矛盾的各种有利因素与不利因素。只有将这些因素了然于心，才能够谋划出解决问题化解矛盾的方法、时机和突破口。方法总是存在于问题或矛盾的发展过程之中，只要善于识形，就会有解决问题、化解矛盾的办法。

第三，示形动敌。于作战来说，"示形"就是在通过隐真示假、伪装、欺骗和迷惑等手段，隐我之真，示敌以假，诱使敌人入圈套、中埋伏，从而最终战胜敌人。孙武指出："善动敌者，形之，敌必从之；予之，敌必取之。以此动之，以卒待之。"① 意为善于调动敌人的将帅，总是伪装假象迷惑敌人，敌人便会听从调动。用小利诱惑敌人，敌人就会来夺取。用此法调动敌人，然后用精兵对抗。"示形"的方法包括多种，比如"诡道十二法"。除此之外，还有以强示弱、以虚示实、以众示寡、以进示退、以奇示正、以和示战等。反之亦然。"示形"的目的在于"攻其无备，出其不意"。孙武进一步强调："此兵家之胜，不可先传也。"② 认为这些"示形"方法并无一定之规，要因时、因地、因敌、因势灵活运用。"示形"之法的内在依据是"以利动之"和"以卒待之"。"利"是假象，用以调动对手，"卒"是精兵，用以对抗对手。领导者战略思维中要慎用示形。因为我们讲矛盾有敌我矛盾和人民内部矛盾之分。如果用化解敌我矛盾的方法来化解人民内部矛盾，则会适得其反。孙武所讲的示形，多用于敌我矛盾，而对人民内部矛盾，还是得靠扎扎实实、真心实意地做群众工作，用真诚收获群众的理解与信任。

第四，因形谋机。于作战而言，"因形"就是根据敌情、军情的变化而采取相应的措施，以达成己方的战略战术意图。具体来说，就是利用战场上各种有利的条件和敌人在兵力、部署、防御等方面的不足，避敌之实，击敌之虚，达到战胜敌人的目的。"因形"讲求多变，要做到"战胜不复""应形于无穷"。因为作战是敌对双方在一定军事实力上的智力竞赛，只有以变制变，方能更好地发挥主观能动性。孙武指出"能因敌变化而取胜者，谓之神"③，意为用兵必须因时、因地、因敌、因势灵活变换战法，不能以不变应万变。"因形"的最高境界是"形人而我无形"④，强调通过各种手段使敌人充分暴露行迹，同时隐藏好自己的行迹。对领导者战略思维而言，因形就是马克思主义所讲的具体情况具体分析。通过对具体问题的分析，寻

---

① 吴九龙：《孙子校释》，军事科学出版社1991年版，第78页。
② 吴九龙：《孙子校释》，军事科学出版社1991年版，第15页。
③ 吴九龙：《孙子校释》，军事科学出版社1991年版，第103页。
④ 吴九龙：《孙子校释》，军事科学出版社1991年版，第92页。

找解决问题和化解矛盾的机会。

"筹形谋力""识形谋法""示形动敌"和"因形谋机"是一个相互作用、相互渗透的整体。"修道保法""先为不可胜"是"筹形谋力"的手段，"经之五事""校之七计"是"识形谋法"的途径，也是"示形动敌"和"因形谋机"的基础和前提；而"形之，敌必从之"的"示形谋法"之道和"强攻弱守""因形而错胜"的"因形谋机"之策，又是"谋形筹力""识形谋法"的目的和归宿。

二、目标制定：依赖于"知"

固然"胜"乃战略思维的目标，但是求胜目标的确定，并不是主观臆想或一厢情愿，而是要建立在"知"的基础上。《孙子兵法》强调战略思维目标的确定，必须以"知"为前提和条件。

"知"是《孙子兵法》中的一个关键词。判断一个词是不是关键词，并不是按其在文本中出现的次数来认定的，而是按其在《孙子兵法》整个思想体系中是不是具有关键性作用来看的。钮先钟先生认为：

> "知"字在《孙武》全书中不仅出现次数相当频繁，共七十九次，在十三篇中只有《势篇》和《行军篇》全无"知"字。而且在思想方法上也具有重要意义。此外，与"知"字密切相关的字也很多。例如："智"（七次），"计"（十一次），"谋"（十一次）等。①

再次认真读《势篇》《行军篇》，发现确无"知"字。没有"知"字并不代表"知"不重要，在这两篇中阐述了虚实、奇正等思想，这些思想无一

---

① 钮先钟：《孙子三论：从古兵法到新战略》，广西师范大学出版社 2003 年版，第 229 页。

不建立在"知"的基础之上，甚至可以认为就是"知"的结果。

"知"，既是名词，又是动词。作为名词，意为知识；作为动词，意为获得知识的动作或步骤，不仅仅是知道，而且还包括深入理解的这个层次。此外，在古汉语中，"知"与"智"是古今字。在现实生活中，人不可能全知，也不可能成为真正的智者。正如孔子所言"好学近乎智"，在孔子看来，好学是求知的途径，知识的积累并不一定产生智慧，好学也并不一定生智，好学只能接近智，智是知的极限。

大凡战略思维目标的制定，都有其依据。依据对手、依据自己、依据客观条件、依据主观条件等，都是目标制订或修订过程中需要考察的对象。综观《孙子兵法》全文可以发现，《孙子兵法》不仅提出了"知"的概念，而且对"知"有系统论述。也就是说，孙武对为什么知，知什么，如何知，有什么要求，等等，都有系统阐述。

为什么要知？孙武认为，"故明君贤将，所以动而胜人，成功出于众者，先知也"①。孙武不仅提出要知，而且还要先知。要知或先知，必须建立强大的情报体系。如此才能在谋划的过程中提供依据。如果不知，就会像刘伯承元帅所讲的"五行不清，输得干干净净"。

（一）知的要素："五事七计"

从知的要素看，"五事七计"的设计，在当时看来是非常全面而系统的。但是今天看来，却有遗漏，只能批判地吸收。比如：在冷兵器时代，"道""天""地""将""法"几个方面的要素，对于制定战略目标来说，还是比较系统的，也是比较全面的，但是今天再看这些观点的时候，是不全面的。在冷兵器时代，武器装备相对简陋，人员编制相对简单，人的众寡是战争胜负决定因素。这就决定了在战胜对手的影响因素中，武器装备的强弱和人员编制的科学与否等情况，远不如人员的众寡重要。毛泽东认

---

① 吴九龙：《孙子校释》，军事科学出版社1991年版，第237页。

为战争胜负的决定因素是人，这是相对于武器、技术而言的，但孙武所处的时代，人员的众寡则对战争胜负产生决定性影响。所以，在孙武知的系统中，并没有提到人员编制和武器装备这两大要素。今天就不一样了，现有军事理论认为，战斗力构成要素中，人员、武器装备、人员与武器装备的结合以及军事思想是战斗力构成的基本因素。这样的发展，与孙武所处的时代，不可相提并论。

当然，我们不能苛求古人，而应该重在运用《孙子兵法》所蕴含的方法，比如，"五事七计"中的信息思维方法、对比思维方法，等等。孙武告诉我们，确定战略思维目标必须要有所依据。孟子讲，要知"天时""地利""人和"；孙武讲，要知"道""天""地""将""法"。我们不能机械地把这些观点运用到现实生活中，而应当重点运用这里面所表现出来的方法。比如：要重视信息的获取、对比和分析。古人对信息有古人的看法，今天对信息有今天的要求，必须因事而异，因时而变。

（二）知的要求："尽知先知"

从知的要求看，孙武对知提出了"尽知"和"先知"的要求。比如"故不尽知用兵之害者，则不能尽知用兵之利也"[①]，什么是尽？从涉及的领域来看，就是要尽量知道各个方面的情况，敌方的、我方的、友方的；客观的、主观的；可控制的、不可控的；可预测的、不可预测的；等等，都要尽量在知的范围之内。知道得越全面，得到的结论就越客观，作出的结论就越符合客观实际。什么是先？"先"是从获取信息的早晚来看的。孙武要求要尽早知道信息。信息知道得越早，对整个局势把握就越主动；知道得越晚，对整个局势掌控就越被动。早和晚也是相对的，不是绝对的。早知道早谋划，因为有些情况是变化的，有些情况是固定的。对于固定的情况，我们可以尽早确认，但是对于变化的情况，我们难以完全掌控。早了解变化，

---

① 吴九龙：《孙子校释》，军事科学出版社 1991 年版，第 23 页。

就可以早谋划应对之策。孙武对知的要求，尽知或先知，都是相对的，不是绝对的。

（三）知的途径："三不一必"

从知的途径看，孙武提出：

> 先知者，不可取于鬼神，不可象于事，不可验于度，必取于人，知敌之情者也。[①]

这一段话不仅显示了孙武思想务实的特点，而且还证明孙武在战略思维过程中非常重视知。如何实现先知？孙武提出三种不能用的途径，即所谓"三不"原则：一为"不可取于鬼神"，就是认为一切求神问卜的行为都是迷信，不足信。这体现了孙武的科学精神。二为"不可象于事"，用现代汉语讲，就是不能用类比方式，机械地套用过去的经验。三为"不可验于度"，就是不能用数值分析推测未来趋势。虽然数据分析在今天看来，是一种重要分析推理方法，但是孙武看来，数据推演不能替代人脑分析。这三种方式都不能用。什么可以用呢？孙武提出："必取于人。"用今天的话讲就是必须依靠情报专家，能够专门收集和分析各种情报的情报专家。总而言之，孙武对知的途径提出了"三不一必"原则。

第一，"三不一必"原则主要是针对知敌情而言，并不包括知我情、友情以及天地等作战对抗中的信息。在今天看来，对于敌情之外的信息，甚至包括敌情分析，用数据分析、历史类比等方法也未必完全不行，有些还是今天战争中的常用方法。就作战信息来看，孙武仅仅强调敌情，在今天这是不够全面的，敌情之外的信息也是非常重要的，甚至些微细小的信息也可能导致天翻地覆般的后果，譬如混沌理论中所阐述的蝴蝶效应。因此，

---

① 吴九龙：《孙子校释》，军事科学出版社 1991 年版，第 238 页。

对孙武的观点不可不加分析，盲目套用。

第二，"三不一必"体现了孙武的朴素辩证唯物主义思想。孙武讲，不可象于事，必取于人，而且孙武在《用间篇》中单独阐述了信息问题，尤其重点阐述了信息的来源渠道。这充分显示了《孙子兵法》对信息的高度重视，而且对信息的认识也达到了很高的水平。在钮先钟先生看来，"情报纳入战略思想体系，孙武可能是战略思想史中的第一人"①。孙武提出必须采取用间的渠道来获取信息的思想，具有朴素的辩证唯物主义精神。反观战史，在孙武之后，又有多少人仍然不屑于孙武所强调的"三不"原则。这更显示孙武的朴素辩证唯物主义是多么地珍贵与不易。

第三，仅凭"三不一必"原则并不能认为孙武就是一个完全的辩证唯物主义者。在孙武所处时代，尤其像他这样的古代思想家，否定鬼神的人很少。尽管孙武是少有的对鬼神持否定态度的人，但并不能因此就认为孙武就是无神论者，或者认为孙武就是唯物论者，最多可以讲孙武的迷信色彩淡一点而已。郭化若从辩证唯物论的高度分析了孙武的哲学思想。他认为：

> 从哲学思想来看，我认为《孙子兵法》中确有不少唯物论、辩证法的要素，这是难能可贵的。孙子对战争依赖于经济这一点，看得很重要；他认为战争有一定的规律，而且这些规律是可以认识、可以把握的；他重视各种不同地形对战争的利害关系，等等。这些都是孙子唯物的观点。孙子对战争的分析是全面地、联系地看问题的；他把战争中的许多事物看成是运动的、可变的；他把战争中一些对立的范畴看成是互相渗透、相互推移的；他能从复杂迷乱的现象深处揭示出事物的本质，等等。这些都是孙子辩证的观点。当然，这些唯物论、辩证法的要素，都还是朴素的，不是也不可能是自觉的。这同马克思主义在总结现代社会生

---

① 钮先钟：《孙子三论——从古代兵法到新战略》，广西师范大学出版社2003年版，第106页。

产斗争、阶级斗争经验基础上创立的那种科学形态的唯物论与辩证法是不能等量齐观的。我们还要看到，孙子终究是封建统治阶级的军事家，在他的哲学思想中不能不含有唯心论和机械论的要素。他用超阶级的观点解释战争、解释政治，在决定战争胜败、国家强弱问题上过分强调将帅的作用等，就是明显的唯心论思想。他的战略思想中存在的一些片面的、静止的观点，则反映了他哲学思想中的机械论成分。①

再说，唯物与唯心的区分是后人提出的。人类认识世界的水平，在孙武所处的时代还达不到区分唯心与唯物的高度。不过还是要肯定，在孙武所处的时代，拜天地、求鬼神是人们获得信息的重要渠道和作出决策的重要依据，可是孙武却提出与他人完全相反的观点，这既需要眼光，更需要勇气。这也是孙武作为"兵圣"的重要特质。

战略思维目标依赖于知的思想，其对领导者战略思维的指导意义表现在以下四个方面。

第一，领导者应知利晓害。一是知晓"知利""知害"包含着丰富的辩证法思想。领导者往往会面临"利害并存"或"利害皆有"的两难选择，需要做到"在利思害，在害思利"，不能用直线的思维方式，绝对片面地认识所处形势，而要辩证地看待利害得失，进而在"利"与"害"的程度比较中决定自己的选择。二是知晓"利"与"害"的界限的模糊性。这种模糊性的产生基于两方面原因，一方面是情势复杂，难以分清界限，另一方面是认识能力受限，缺乏清醒头脑和长远眼光的领导者可能迷惑其中，可能导致以"利"为"害"，视"害"为"利"。三是知晓应将主观认知的"利""害"与客观实在的"利""害"反复权衡，全盘把握"利"与"害"，进而趋利避害。同时，也要从"利""害"相互转化与相互作用中把握二者的同一性。

---

① 郭化若：《郭化若回忆录》，军事科学出版社 1995 年版，第 170 页。

第二，领导者要暗于知常、明于知变。知常是将帅对客观世界有关战争的普遍的、固有的、一般规律性知识的掌握。知变是将帅对军事活动中一些特殊的、变化的、具体的客观事物的动态了解和把握。孙武认为：

> 故君之所以患于军者三：不知军之不可以进而谓之进，不知军之不可以退而谓之退，是谓縻军。不知三军之事，而同三军之政，则军士惑矣；不知三军之权，而同三军之任，则军士疑矣。[①]

这里的"进退""三军之事"正是指作为一名将帅应掌握的最基本的军事知识与经验，属知常范畴，而"三军之权"强调的是将帅的临机权变，则属知变范畴。知常与知变二者对立统一，将帅所知战争之"常"与"混混沌沌、纷纷纭纭"的战争复杂态势一般是有差异的。同时，知常与知变相互依存，彼此渗透。知常是知变的根基，知变是制胜的关键。这一思想对领导者具有重要的启示。驾驭复杂的态势，形成科学的决策，仅凭良好的心态是不够的，需要领导者具备知常的能力，有对一般规律性、常识性知识的深刻体悟，并以此来不断指导自己的行动。反之，因不能知常或知常缺失而导致的无知、误知，以及由此产生的盲目决策与行动，其结果都将扰乱军心，招致失败。

第三，领导者要知而周全、知其机先。尽知是对关联战争各个方面的全面、系统、真实的把握，强调知的多维性与全面性，是知常与知变的有机结合。

> 知吾卒之可以击，而不知敌之不可击，胜之半也；知敌之可击，而不知吾卒之不可以击，胜之半也；知敌之可击，知吾卒之可以击，而不知地形之不可以战，胜之半也。[②]

[①] 吴九龙：《孙子校释》，军事科学出版社1991年版，第44—46页。
[②] 吴九龙：《孙子校释》，军事科学出版社1991年版，第182—183页。

不能尽知将造成决策的不可靠和战局的不确定性，而将帅对各方面情况了解和掌握越多、越全面、越趋近真实可靠，胜利的把握也就越大。在战争中，不能尽知所导致的灾难近乎于无知，事实也证明，认识的浅陋和片面是导致领导者决策失误的主要因素。于领导者而言，在对工作领域及其相关领域的所有知识全面把握的同时，要具备辨别信息真伪和价值的综合分析能力，在掌握信息情报时一定要全面，了解与战略相关的各方面要素，并观察这些要素的内部联系。唯有如此，领导者的视野才能更开阔，才能关照到战略的各个层面，才能在准确全面的信息情报基础上形成正确的战略决策。需要指出的是，尽知之"尽"，既包括全面，也包括全局。领导者只有全面掌握情况，才有可能将认识上升到全局的高度；也只有立足于全局，才能使决策更符合战略本质要求。

孙武同样也强调先知。领导者的先知应建立在对客观现实的调查研究和科学技术的基础之上，善于体察事态的细微变化，并能够从中得出重要信息，采取预先防范的措施，消除祸患于萌芽状态，这是先知的极高境界。领导者需要借助信息，但绝不能迷信信息，否则，极易被各种信息所迷惑，舍本而逐末，最终淹没于大量的信息数据中。这就要求领导者抓住本质，排除疑虑，从信息情报的海洋中找出最有价值的东西为我所用，而不是盲目地被信息情报所左右。

第四，领导者要因利制权、天地皆得。在孙武看来，将帅只是了解自己，或只是了解对方，或只是了解双方而没有了解地形，都不能有完全取胜的把握。真正懂得用兵作战的将帅，能在知彼、知己的同时，把双方的力量放到实际对抗空间中，分析对双方有利或不利的各种要素，由此获得较为全面的知，为全胜奠定坚实的基础。"知彼知己，百战不殆"，就是这个意思。于领导者而言，只有对战略全局、战略环境全面把握，才能体察战略环境中的有利因素，抓住先机，扩大自己的优势；才能预知战略环境中的不利因素，把威胁消灭于萌芽状态或将不利因素降到最低。即便是对接协调、请示报告某项工作，也要做到知彼知己。比如，找领导请示工作的时候，得提出充分的理由，并对领导可能提出的问题想出应对之策。这也是实际工作中的知彼知己。在实际工作中，领导者也应力避"一知半解"，不能只看到力量在整体上的优势，还需要重视力量因利、因时、因地制权所形成的局部优势，要知其全局、知其实质、知其长远、知其变化，将信息优势充分转化为组织力量优势，以最小的代价换来最大的收益。[①]

三、目标要求：集中于"全"

孙武说："必以全争于天下。"据统计，在《孙子兵法》中，"全"字出现 10 次，其中《谋攻篇》出现 7 次，《形篇》《地形篇》《火攻篇》各 1 次。与"战"（74 次）"利"（51 次）等相比，"全"字出现次数不多。尽管如此，但是并不影响"全"是《孙子兵法》的重点概念的判断，因为概念出现频率与概念是否为核心概念并没有必然联系，主要还得看这个概念与其他概念之间的逻辑关系，以及这个概念在整个思想体系中的作用。《孙子兵法》战略思维目标完成的要求集中于"全"。既是要求，更是战略目标实现的最高境界。

郭化若先生是较早关注《孙子兵法》中"全"这个概念的学者，他指出：

> 《孙子》用"全"字这一概念（范畴）来说明谋攻敌国总的意图或理想。古代哲学思想和军事理论，它是朴素的，这里《孙子》没有阐明如何才能"全国"。[②]

郭化若的新意在于把"全"作为一个"概念（范畴）"来理解，而不仅

---

① 毕海林、姜路平：《〈孙子兵法〉知胜思想对现代领导者的启示》，《领导科学》，2011 年第 24 期。

② 郭化若：《孙子译注》，上海古籍出版社 2006 年版，第 21 页。

仅是理解为"完整地"的意思。因为孙武并没有阐明如何才能做到"全"，所以对"全"的理解历来也有各种不同的解释。在郭化若看来，"全"仅仅是一个兵学概念而已。真正系统研究"全"的学者是吴如嵩先生，他认为：

> 孙子提出了一个高层次的战略思想，即"不战而屈人之兵"的全胜战略。从今天的学术角度分析，这一战略思想是高于军事的大战略。①

吴如嵩先生还将"全""仁""道"相提并论，认为：

> 《孙子兵法》中的"全"，如同孔子哲学的核心"仁"，老子哲学的核心"道"一样，是我们研究孙子军事思想的一条基本线索。

十三篇中，提到全的地方有十处之多。②足见"全"在孙武兵学思想体系之核心地位。吴如嵩的观点，发前人所未发，因而在海内外孙子研究界引起共鸣。如钮先钟先生就对此表示赞同，认为"他的意见相当正确，孙子的思想方法确有求全的趋势"。

《孙子兵法》有两种不同的全胜：一是政治全胜，即《谋攻篇》不战而屈人之兵的"全"胜；二是军事全胜，即《形篇》保存自己、消灭敌人的"全"胜。二者辩证统一，相得益彰。前者的理论渊源和历史根据全部来自于《周易》。"全"胜的实质是仁胜，其源出于《周易》中的汤武革命观。牧野之战是不战而胜的典范。"全"胜的理念是人性，其源出于《周易》中的天德仁爱观，"保合太和"给"全"胜奠定了人性基石。"全"胜的策略是怀柔，其源出于《周易》中的师贞正义观，唯正义之师可保怀柔之效。"全"胜的宗旨是和平，其源出于《周易》中的和谐统一观，唯"元永贞"

---

①吴如嵩：《孙子兵法新论》，解放军出版社1989年版，第18页。
②钮先钟：《孙子三论：从古兵法到新战略》，广西师范大学出版社2003年版，第235页。

的德化能结和谐统一的和平之果。"全"胜思想的价值在于减少或避免战争，对中国历史有深远影响，对当代世界有重大意义。①

（一）兵学意义的"全"

第一，"全"相对于"破"。一般而言，战争的基本方式无非两种，一种是恃武强攻，一种是以智谋攻。两种方式带来的结果差异很大，恃武强攻打赢战争会带来巨大损失，以智谋攻则能够最大限度地减少损失并使敌人完整屈服。

所以孙武在《谋攻篇》开头就强调：

> 凡用兵之法，全国为上，破国次之；全军为上，破军次之；全旅为上，破旅次之；全卒为上，破卒次之；全伍为上，破伍次之。是故百战百胜，非善之善者也；不战而屈人之兵，善之善者也。②

孙武认为百战百胜不是最好的，因为那是"破胜"；只有"不战而屈人之兵"才是最好的，因为这是"全胜"。强调"全胜"这一最高战略思维目标完成的境界后，孙武还进一步提出了"上兵伐谋，其次伐交，其次伐兵，其下攻城"的谋攻战略思维优选原则，以指导将帅追求"全胜"的境界。

孙武提出的"五破五全"，这是相对的。破胜与全胜相较而言，全胜强于破胜。毛泽东善于集中兵力，强调整团、整师地战胜敌人，认为这是消灭敌人、壮大自己的最佳途径。可以说，这是对孙武全胜思想的经典运用。

第二，"全"指完成目标的完美性。试想，在与对手对抗过程中，要使对手臣服自己，又要使自己和对手都毫发无损，更要在实力上成建制地归

---

① 霍印章：《孙子的"全"胜思想与〈周易〉》，《滨州学院学报》，2010年第5期。
② 吴九龙：《孙子校释》，军事科学出版社1991年版，第35—37页。

附于己方，还有什么比"全"的结局更完美的呢？当然，这里所讲的完全臣服，更大程度上是针对信息化战争形态之前的战争来说的。对于信息化战争或信息时代的一般性对抗、一般性矛盾化解，对"全"的认识和理解则会有新意。比如，如果当一方在信息上或者技术上占据优势，那么，完胜对手只是时间问题。这时，如果用"全"来要求，则与孙武提出的"全"有差距。至少在战胜对手的问题上要付出时间成本或技术成本，双方均存在资源消耗，只要有资源消耗，"全"就是不完美的。

第三，"全"是《孙子兵法》的核心。从广义的观点来解释，"全"就变成了一种抽象的哲学观念，而在思想方法领域也代表一种特殊的思考途径。正如吴如嵩所言，他认为，

> 《孙子兵法》中的"全"，如同孔子哲学的核心"仁"、老子哲学的核心"道"一样，是我们研究孙子军事思想的一条基本线索。[①]

从这个角度来理解，孙武所讲的"全"就是一个哲学概念。对"全"的运用，孙武为后人留下了可以无尽探索的空间。如何达成全的要求？孙武提出三点建议。即：

> 屈人之兵而非战也、拔人之城而非攻也、毁人之城而非久也，必以全争于天下。[②]

意思是说，要想使对手臣服，可以不用战，可以不攻城，或不作长期的消耗战。这三点建议还只是消极性的，仅仅依靠这三点还不能达成目的，尤其不能达成积极目的。为此，孙武进一步提出："必以全争于天下。"因为

---

① 吴如嵩：《孙子兵法新论》，解放军出版社 1989 年版，第 20 页。
② 吴九龙：《孙子校释》，军事科学出版社 1991 年版，第 41 页。

"全"是最高境界，是一种理想状态。正如数学中的无穷大与无穷小。在扩大战果的问题上求全，只能追求无穷大，实际上并无最大。在减少消耗的问题上求全，只能追求无穷小，实际上永远达不到。"全"就是这无穷大与无穷小，只能靠近，并不能达成。所以说，孙武提出"全"的要求，为人们探索求"全"的途径提供了无限的空间。

孙武对战略目标的实现提出了"全"的要求，这个要求是抽象的，并无具体指标。这也正好与古人的思维特点相吻合，古人擅长定性思维，而不擅长定量思维。

（二）普遍意义的"全"

其一，"全"被视为人类社会矛盾的最佳解决结果。任何哲学体系的核心概念，必将是此哲学体系展开论述的着眼点和归宿。比如"仁"，孔子虽不厌其烦地讨论"礼"，但作为一种社会政治哲学，孔子深知外在的"礼"说明不了其社会理想的客观性，因为这种论证如同以结论论证结论，不足为证。所以孔子以"仁"为核心建构其体系，作为探讨理想社会之"根本"依据，视"仁"为人类社会种种结合之最高原理。孙武的"全"大概也有此种意味，人类社会本来应为"全"之和谐，现实社会之战争虽客观存在，但它既不是人类生活之源和理想状态，也不应是最终结果。

其二，"必以全争于天下"是上策，是处理现实矛盾的最高理想。一般说来，处理矛盾或化解危机，有三种选择，一为上策，即在危机尚未形成之前即能慧眼先识，并采取适当对策将其化解于无形；二为中策，即虽不能阻止危机的形成，但能设法避免受到损害或不利影响；三是下策，即，既不能阻止危机之形成，又不能避免危机的影响，但仍能设法使所受损失减轻到最低程度，缓和危机。《孙子兵法》则三策皆具，"上兵伐谋""知天知地，胜乃可全"，这是上策。全胜之"中策"是"自保而全胜""安国全军"。什么叫"安国全军"呢？张预解释为："君常慎于用兵，则可以安国；将常戒于轻战，则可以全军。"据此，孙武此处强调"慎战"正是设法避免不利，这是指矛盾激化后的态度与倾向。至于下策，即孙武所谓"其次伐兵，其下攻城"。在这三种选择中，孙武还是主张"拔人之城而非攻也，破人之国而非久也，必以全争于天下，故兵不顿而利可全"[①]。孙武主张在矛盾激化时，在战略策略上战胜敌人，将战争损失减小到最低程度，达到对自己最为有利的结果。

总之，孙武的求全是讲层次的，主旨是求得万全。

（三）现实意义的"全"

当今世界，西方的功利主义价值观在其军事理论中已发挥至极致。有人总结资本主义的秘密：

> 只有通过它非强制性但又无孔不入的"无形之手"，才能筹集发展先进军备所需的庞大资金；另一方面，军备所提供的强大武力和战争的巨大消耗，又反过来保证和加速了资本主义的发展，两者之间形成互相加强的正反馈循环。因此，军备和战争是资本主义发展的主要（虽然并非全部）机制。[②]

"竞逐富强"被西方学者认为是人类军事现代化的通则。但是，历史和现实也从另一方面向人类敲响了警钟，扩张和侵略曾多次将人类带入灾难的深渊，两次世界大战就是最值得深思的教训。二战以后以至冷战已经结束的今天，一些国家抱着冷战思维不放，仍然最大限度地扩大单边军事能力，将扩军备战和加强军事同盟作为维护霸权地位的途径，增加了世界的不稳定因素和不确定性，这不能不说是人类的悲剧。其实，西方一些战略学者已越来越认识到西方战争文化的弊端，开始重视以《孙子兵法》为代表

---

① 吴九龙：《孙子校释》，军事科学出版社1991年版，第41页。
② 威廉·H.麦克尼尔：《竞逐富强：公元1000年以来的技术、军事与社会》，倪大昕、杨润殷译，上海辞书出版社2013年版，第3页。

的中国兵学求"全"的价值。

例如，早在 1963 年，英国战略学家利德尔·哈特在为格里菲思的英译本《孙子兵法》所作的序言中就写道："在导致人类自相残杀、灭绝人性的核武器研制成功后，就更需要重新而且更加完整地翻译《孙武》这本书了。"他在自己的战略名著《战略论》中也得出结论："最完美的战略，也就是那种不必经过严重战斗而能达到的战略——所谓不战而屈人之兵，善之善者也。"他并且声称自己的"间接战争路线"理论是脱胎于孙武。

和平与发展仍然是当今时代主题，此时此际，孙武的思想，更值得我们深思。轻启战端，崇尚武力，都是损人而不利己的行径，"安国全军"，争取和平，才是人类成熟的标志。从大战略的高度来考虑自身的安全问题，建立国际政治经济新秩序，同舟共济，守望相助，建立信任，达到共同安全才是最安全的。这正是以孙武为代表的中国兵学文化给当今世界的启示，这也是中国传统军事文化在当今世界的新意义。

领导者战略思维学习借鉴"全"的思想，至少可以有三点启示。

第一，全胜是仁胜。孙武强调以政治上的绝对优势达致不战而胜的效果；所谓"必以全争于天下"，就是以道德仁义的政治优势争胜于天下；所谓"上兵伐谋"，就是"阴修德以倾商政"，即从政治上打垮敌人。这就是孙武"全"胜思想的实质。对领导者而言，尽量不要借助自己职位上的权威压服部属，也不要借助行政上的权力，在化解矛盾和解决问题的过程中，对工作对象采取极端的措施。尽量在合情合理合法的基础上，通过积极的思想工作和政策宣传，达成解决问题化解矛盾的目的。在管理学中有句话，叫"高高举起，轻轻放下"，也是领导的艺术。这也是孙武仁胜思想的运用。

第二，全胜是人胜。天德仁爱观，它给孙武的"全"胜思想奠定了人性的基石，即人道主义的基石。正是在人性、人道的基础上，中国古代才产生了汤武革命以仁义取天下的理论，才产生了不战而屈人之兵的"全"胜思想，从而制约着人类原始野蛮本性在战争中肆虐，把战争由"人类互相残杀的怪物"变成"止戈为武"、捍卫和平、保护文明、推动历史发展前进的杠杆。于领导者而言，一方面要善于做人的工作，把人的思想工作做通之后，一通从而能百通。另一方面领导者要加强个人修养，用领导者的人格魄力，影响部属，影响工作对象，争取对工作的理解和支持，让被领导者悦服。

第三，全胜是和胜。《孙子兵法》尽管是一部兵书，但全书并没有丝毫穷兵黩武的气息。总是强调"不战而屈人之兵""必以全争于天下""上兵伐谋，其次伐交，其次伐兵，其下攻城"。孙武强调"不战"和"全"，即便是迫不得已而不得不战，在战略选择上，也是先伐谋，再伐交，再伐兵，攻城则放在最后一个选项。领导者思考问题的过程中，对外追求共赢，对内追求和谐。与对手竞争，不要把对手一棍子打死，既为对手留下生路，也为自己留下退路。对内的管理，则尽量少用或不用纪律处罚，把工作做实做细，做在前面，追求一种和谐成事的局面。

四、目标实现：受制于"道"

《孙子兵法》不仅提出了制胜战略思维目标，而且提出了如何实现制胜战略思维目标，亦从三个不同层面提出了具体方式，即：诡道、善战和不战。尽管这三个不同层面的方式体现了《孙子兵法》战略思维的不同境界，但都贯穿了"道"这根红线。孙武强调的诡道受制于道的约束，善战彰显了道的本质，不战展示了道的追求。

（一）诡道受制于道的约束

孙武在《计篇》中指出：

> 兵者，诡道也。故能而示之不能，用而示之不用，近而示之远，远而示之近。利而诱之，乱而取之，实而备之，强而避之，怒而挠之，卑而骄之，佚而劳之，亲而离之，攻其无备，出其不

意。此兵家之胜，不可先传也。[①]

这是制胜的第一个层面。在制胜方式上，孙武首先想到的并不是如何将对手置于死地，也并不是消灭对手肉体，而是采用诡道方式，让对手臣服。《孙子兵法》开篇就讲到诡道，说明孙武对诡道这种方式的重视。可见，在如何制胜的问题上，孙武注重以智取胜，而不是以力取胜。

诡道这一词，听起来类似于诡计、诡诈，后人在作战或对抗中也常用诡计或诡诈。如何使用"诡"，既是战略思想者所考虑的问题，也是战略实施过程考虑的问题。可以说，这是对抗双方都感兴趣且极力追求的问题。可为什么孙武不讲诡计或诡诈，而是创造诡道这个词呢？因为孙武强调的诡道是受道制约的诡道。

（二）善战彰显道的本质

在实现战略思维目标的方式选择上，孙武不主张盲目地战，而是主张善战。《孙子兵法》全文 6000 余字，其中"善"字在文中出现的次数达 33 次，"善战者"出现 9 次，"善之善者"出现 4 次。可见，孙武是多么地重视善。"善"是什么意思呢？从文字学的角度看，《说文》云：善，吉也。这是一个会意字，从言、从羊。言是讲话，羊是吉祥的象征，"羊"是供奉上帝、神灵之物，言是术士们祈求吉祥的话，术士用这些物品或语言祈求吉祥，故为善。从伦理学的角度来看，善是人性、道德、良心、品格或智慧。这是伦理学对"善"的定义。[②]道，有道德、道义的意思。善与道有千丝万缕的联系，善彰显道的本质，道体现善的要义。

孙武如此重视善，强调用"善战"方式达成战略思维目标，可以体会出两层意思。

其一，将帅要善用战的方式战胜对手。这是为将者必须具备的素质。也

---

① 吴九龙：《孙子校释》，军事科学出版社 1991 年版，第 12—15 页。
② 张国骥：《权力向善——我读〈孙子兵法〉》，岳麓书社 2015 年版，序言。

只有善于作战，具备作战和战胜的能力，才能掌握选择战与不战的主动性。否则，不具备善战的能力，就会丧失主动性；主动性丧失了，离失败也就不远了。

其二，要具备善战的能力素质。《孙子兵法》在文本中 8 次用到"善战者"：

昔之善战者，先为不可胜，以待敌之可胜。[1]

故善战者，能为不可胜，不能使敌必可胜。[2]

古之所谓善战者，胜于易胜者也。[3]

故善战者之胜也，无奇胜，无智名，无勇功。[4]

故善战者，立于不败之地，而不失敌之败也。[5]

是故善战者，其势险，其节短。[6]

故善战者，求之于势，不责于人，故能择人而任势。[7]

故善战者，致人而不致于人。[8]

这都是对善战者提出的要求。从这些要求来看，都不是讲善战者应该如何战，而是讲善战者如何用形、如何用势、如何达成主动等。

孙武提出"先为不可胜，以待敌之可胜"，这是先在实力上战胜对手，然后抓住对手可能被战胜的机会，战胜对手，这种战胜方式，也是不战而胜的一种。孙武提出任势，意思是说形成战胜对手之势，顺势而为，这也

① 吴九龙：《孙子校释》，军事科学出版社 1991 年版，第 53 页。

② 吴九龙：《孙子校释》，军事科学出版社 1991 年版，第 54 页。

③ 吴九龙：《孙子校释》，军事科学出版社 1991 年版，第 58 页。

④ 吴九龙：《孙子校释》，军事科学出版社 1991 年版，第 59 页。

⑤ 吴九龙：《孙子校释》，军事科学出版社 1991 年版，第 60 页。

⑥ 吴九龙：《孙子校释》，军事科学出版社 1991 年版，第 75 页。

⑦ 吴九龙：《孙子校释》，军事科学出版社 1991 年版，第 79 页。

⑧ 吴九龙：《孙子校释》，军事科学出版社 1991 年版，第 84 页。

是以最小的代价战胜对手。通过形成善战的优势，达成不战而屈人之兵的目的。这就是孙武强调"善战"的用心所在。这样一来，善战方式达成战略思维目标，并非一心求战，并非一心要消灭对手肉体，并非置对手于死地。这彰显了道的本质。

（三）不战体现道的追求

孙武强调"不战而屈人之兵"，这是孙武达成战略思维目标方式中最高层次的方式，这种方式体现了孙武在征服对手的方式选择上的最高境界。古往今来，征服对手都是以战的方式。人类有文字记载的历史中，战争频发，仅有300年没有战争。但是孙武在2500多年前就提出"不战而屈人之兵"，充分体现了孙武对"道"的追求，这种追求是在致胜方式选择上的最高境界。

实现不战而胜这种追求也并不是抽象的，而是具体的。今天我们应用不战而胜的思想，一方面可以用战略威慑，通过形成强大实力，向对手施加强大压力，让对手不敢战，在强大战略压力下主动臣服。另一方面可以用间接战略，除了军事斗争手段之外，政治，外交、经济等途径都是达成战略思维目标的有效手段，而且这种手段体现了对道的追求。

孙武献兵书给吴王，目的非常明确，就是想让吴王知道他"能用兵"。《孙子兵法》诠释的"能用兵"的内涵非常丰富，表现在战略思维目标上，"胜"是选择目标基本定位，"知"是制定目标的现实依据，"全"是完成目标的最高要求，"道"是实现目标的制约因素。作战如此，处理一般性问题或化解一般性矛盾，更是如此。"道"的追求，对于领导者战略思维的启示在于如何立政德的问题。领导者立政德，就要做到明大德、守公德、严私德。

第一，领导者明道的核心是明大德。习近平总书记指出：明大德，就是要铸牢理想信念、锤炼坚强党性，在大是大非面前旗帜鲜明，在风浪考验面前无所畏惧，在各种诱惑面前立场坚定。[①] 笔者认为，这是党员干部首先要

---

① 本报评论员：《领导干部要讲政德》，《光明日报》2018年3月14日。

修好的"大德"。

领导者的信仰是内心深处的追求，也是砥砺前进的动力，更是面对诱惑时的坚守。有了信仰，才能把握前进方向不迷航。领导者要明大德，就要铸牢理想信念、立场坚定；锤炼坚强党性、旗帜鲜明；牢记宗旨意识、敢于担当。铸牢理想信念，明"忠于国家"之德。领导者要自觉明"忠于国家"之大德，明"忠于党"之德。衡量领导者是否具有共产主义远大理想，那就要看他能否坚持全心全意为人民服务的根本宗旨，能否吃苦在前、享受在后，能否勤奋工作、廉洁奉公，能否为理想而奋不顾身去拼搏、去奋斗、去献出自己的全部精力乃至生命。

第二，领导者守道的根本是守公德。道德修养分为道德认知、道德内化和道德外化三个层次。道德认知只是意味着对道德知识的掌握。在道德认识基础上产生观念上的认同，进而形成道德信念（内化）。在道德信念的指引下，通过践行其道德理念，从而完成道德外化。习近平总书记指出：守公德，就是要强化宗旨意识，全心全意为人民服务，恪守立党为公、执政为民理念，自觉践行人民对美好生活的向往就是我们的奋斗目标的承诺，做到心底无私天地宽。[①]在这里，习近平总书记不仅指明了守公德的道德信念，而且明确了守公德的道德行为，要求领导者要把公德观念内化于心、外化于行。通过知识积累，形成正确的道德认知，是守公德的基本条件。完成道德内化，仅仅有知识的积累还不足以使领导者形成道德认同，必须通过鲜活的体认和深切的感受，才能使其在实践过程中具有坚定的道德信念。评判领导者水平高不高，不是看他读了多少书，而是要看他运用知识解决问题的能力，即在道德实践中检验其道德信念。促进道德外化。认知和内化都只是为外化做准备。领导者只有化为立党为公、执政为民的实践行为，才能真正做到对历史和人民负责，这是立政德的首要目标。

第三，领导者严道的关键是严私德。"权为民所赋，利为民所谋"，党

---

① 本报评论员：《领导干部要讲政德》，《光明日报》2018年3月14日。

员干部的权力是人民赋予的，自然要用来造福于人民。习近平总书记指出：严私德，就是要严格约束自己的操守和行为。政德在中国优秀传统文化中，始终是重要的为官标准。[①] 习近平总书记不仅指明了立政德的行为主体，同时也明确了道德行为主体的利益指向和道德适用场域。对于党员干部来说，私德不是小事，更不是个人隐私，而是立身之本，为政之基。从诸多落马贪官的忏悔录可以看出，他们也是想做一番事业的，但却因为私欲膨胀，让自己一步一步滑入了欲望的深渊。所以，领导者不仅要思想硬、本领硬，更要作风硬、纪律硬，及时涤荡思想之尘埃，祛除行为之污垢，坚持严以修身、严以用权、严以律己。严私德得严好家风。领导者家风，不是个人小事、家庭私事，而是领导者作风的重要表现。廉洁修身是指领导干部要洁身自好，不利用职权为自己谋利益；廉洁齐家是指领导干部不利用职权为自己的家人谋利益。党员干部唯有管好自己，管好家庭，才能防止"枕边风"成为贪腐的导火索，防止子女打着自己的旗号非法牟利，防止身边人把自己"拉下水"。

---

① 本报评论员：《领导干部要讲政德》，《光明日报》2018 年 3 月 14 日。

第五章 《孙子兵法》与领导者战略思维方法

领导者进行战略思维，必须遵循科学的战略思维原则，确立正确的战略思维目标，同时，还必须要有科学的战略思维方法。《孙子兵法》作为一部古老的战略理论著作，通篇透射出睿智的战略思维方法。从整体上把握《孙子兵法》这部兵学"圣典"，可以发现，孙武战略思维方法至少包括：信息思维法、系统思维法、辩证思维法、目标思维法、对比思维法、历史思维法、前瞻思维法和比方思维法等。深入探讨《孙子兵法》战略思维方法，对于构建当代领导者战略思维理论体系及指导领导者战略思维实践具有重要的借鉴意义。

一、信息思维法：知彼知己、知天知地

信息思维方法是战略思维的基本方法。《孙子兵法》强调"知彼知己""知天知地"，知什么呢？知信息极为重要。孙武提出的"五事七计"是对信息的具体化，"不可象于事"是对信息渠道的要求。"知"直接体现孙武战略思维的信息思维方法。

（一）信息要素："五事七计"

"五事七计"是孙武在战略筹划时考虑的五方面的要素和七方面的比较。这五个要素是战略筹划时需要重点了解的五个方面的信息。依据这五个方面信息的多少判断胜算的多与少。在孙武看来，胜算的多与少，又是判断或预测胜负的基本条件。可以说，这五个方面的信息清楚了，整个战略

筹划也就了然于心。"七计"也只是"五事"的稍微展开，然后从对比的角度得出更深一层的信息，以用作战略筹划时参考。这五个方面的信息要素和七个方面的比较，有较强的实践意义。

毛泽东在《论持久战》中就直接运用了信息思维方法。

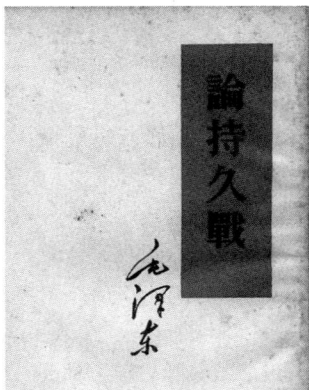

图 5-1

《论持久战》是毛泽东于 1938 年 5 月 26 日至 6 月 3 日，在延安抗日战争研究会上的演讲稿，是关于中国抗日战争方针的军事政治著作。毛泽东在总结抗日战争初期经验的基础上，针对中国国民党内部分人的"中国必亡论"和"中国速胜论"，以及中国共产党内部分人轻视游击战的倾向，系统地阐述了中国实行持久战以获得对日胜利的战略。

比如：毛泽东通过对中日战争实力对比，阐述了提出问题的根据，就是一个经典的案例。不妨原汁原味摘录如下：

中日战争不是任何别的战争，乃是半殖民地半封建的中国和帝国主义的日本之间在二十世纪三十年代进行的一个决死的战争。全部问题的根据就在这里。分别地说来，战争的双方有如下互相反对的许多特点。

（一〇）日本方面：第一，它是一个强的帝国主义国家，它的军力、经济力和政治组织力在东方是一等的，在世界也是五六个著名帝国主义国家中的一个。这是日本侵略战争的基本条件，战争的不可避免和中国的不能速胜，就建立在这个日本国家的帝国主义制度及其强的军力、经济力和政治组织力上面。然而第二，由于日本社会经济的帝国主义性，就产生了日本战争的帝国主义性，它的战争是退步的和野蛮的。时至二十世纪三十年代的日本帝国主义，由于内外矛盾，不但使得它不得不举行空前大规模的冒险战争，而且使得它临到最后崩溃的前夜。从社会行程说来，日本已不是兴旺的国家，战争不能达到日本统治阶级所期求的兴旺，而将达到它所期求的反面——日本帝国主义的死亡。这就是所谓日本战争的退步性。跟着这个退步性，加上日本又是一个带军事封建性的帝国主义这一特点，就产生了它的战争的特殊的野蛮性。这样就要最大地激起它国内的阶级对立、日本民族和中国民族的对立、日本和世界大多数国家的对立。日本战争的退步性和野蛮性是日本战争必然失败的主要根据。还不止此，第三，日本战争虽是在其强的军力、经济力和政治组织力的基础之上进行的，但同时又是在其先天不足的基础之上进行的。日本的军力、经济力和政治组织力虽强，但这些力量之量的方面不足。日本国度比较地小，其人力、军力、财力、物力均感缺乏，经不起长期的战争。日本统治者想从战争中解决这个困难问题，但同样，将达到其所期求的反面，这就是说，它为解决这个困难问题而发动战争，结果将因战争而增加困难，战争将连它原有的东西也消耗掉。最后，第四，日本虽能得到国际法西斯国家的援助，但同时，却又不能不遇到一个超过其国际援助力量的国际反对力量。这后一种力量将逐渐地增长，终究不但将把前者的援助力量抵消，并将施其压力于日本自身。这是失道寡助的规律，是从日本战争的本性产生出来的。总起来说，日本的长处是其战争力量之强，而其短处则在其战争本质的退步性、野蛮性，在其人力、物力之不足，在其国际形势之寡助。这些就是日本方面的特点。

（一一）中国方面：第一，我们是一个半殖民地半封建的国家。从鸦片战争〔10〕，太平天国〔11〕，戊戌维新〔12〕，辛亥革命〔13〕，直至北伐战争，一切为解除半殖民地半封建地位的革命的或改良的运动，都遭到了严重的挫折，因此依然保留下这个半殖民地半封建的地位。我们依然是一个弱国，我们在军力、经济力和政治组织力各方面都显得不如敌人。战争之不可避免和中国之不能速胜，又在这个方面有其基础。然而第二，中国近百年的解放运动积累到了今日，已经不同于任何历史时期。各种内外反对力量虽给了解放运动以严重挫折，同时却锻炼了中国人民。今日中国的军事、经济、政治、文化虽不如日本之强，但在中国自己比较起来，却有了比任何一个历史时期更为进步的因素。中国共产党及其领导下的军队，就是这种进步因素的代表。中国今天的解放战争，就是在这种进步的基础上得到了持久战和最后胜利的可能性。中国是如日方升的国家，这同日本帝国主义的没落状态恰是相反的对照。中国的战争是进步的，从这种进步性，就产生了中国战争的正义性。因为这个战争是正义的，就能唤起全国的团结，激起敌国人民的同情，争取世界多数国家的援助。第三，中国又是一个很大的国家，地大、物博、人多、兵多，能够支持长期的战争，这同日本又是一个相反的对比。最后，第四，由于中国战争的进步性、正义性而产生出来的国际广大援助，同日本的失道寡助又恰恰相反。总起来说，中国的短处是战争力量之弱，而其长处则在其战争本质的进步性和正义性，在其是一个大国家，在其国际形势之多助。这些都是中国的特点。

（一二）这样看来，日本的军力、经济力和政治组织力是强的，但其战争是退步的、野蛮的，人力、物力又不充足，国际形势又处于不利。中国反是，军力、经济力和政治组织力是比较地弱的，然而正处于进步的时代，其战争是进步的和正义的，又有大国这个条件足以支持持久战，世界的多数国家是会要援助中国的。——这些，就是中日战争互相矛盾着的基本特点。这些特点，规定了和规定着双方一切政治上的政策和军事上的战略战术，规定了和规定着战争的持久性和最后胜利属于中国而不属于日本。战争就是这些特点的比赛。这些特点在战争过程中将各依其本性发生变化，一切东西就都从这里发生出来。这些特点是事实上存在的，不是虚造骗人的；是战争的全部基本要素，不是残缺不全的片段；是贯彻于双方一切大小问题和一切作战阶段之中的，不是可有可无的。观察中日战争如果忘记了这些特点，那就必然要弄错；即使某些意见一时有人相信，似乎不错，但战争的经过必将证明它们是错的。我们现在就根据这些特点来说明我们所要说的一切问题。①

毛泽东从"道""天""地""将"方面进行比较。从"道"方面看，中国是反侵略战争，日本是侵略战争，中国是得道多助，日本是失道寡助。从"地"方面看，中国地大人多，日本地小人少。从"将"方面看，中国有共产党的领导，日本的领导是法西斯。从"天"角度看，中国是正义战争，可能得到国际援助，日本是非正义战争，难以得到国际援助。综合这几个方面的信息分析与对比，毛泽东认为："抗日战争是持久战，最后胜利是中国的——这就是我们的结论。"② 这是在信息分析基础上得出的这两个结论。在这两个结论的基础上，毛泽东又得出了一整套对日作战战略方针、战略

---

① 毛泽东：《毛泽东选集》（第二卷），人民出版社1991年版，第447—450页。
② 毛泽东：《毛泽东选集》（第二卷），人民出版社1991年版，第515页。

进程。事实也证明，中国抗日战争的发展进程与战争结局与毛泽东的预测和判断惊人地吻合。

（二）本质核心："知彼知己"

"知彼知己"揭示了信息思维方法本质和核心，而这一本质和核心又包括两个方面含义。一是知彼知己与胜负的关系。二是在知彼知己的基础上探寻制胜的规律。毛泽东曾指出：孙武提出的"知彼知己，百战不殆"至今"仍是科学的真理"。因为"知彼知己"的论断，不仅揭示了战争指导者对"彼""己"情况的了解与战争胜负之间的关系，而且还指明了探寻战争规律并运用规律指导战争，以争取战争胜利的科学方法。孙武认为："不知彼而知己，一胜一负；不知彼不知己，每战必殆。"[①] 只有做到既知彼又知己，才能百战不殆。在《用间篇》中，孙武还进一步强调了"知"的重要性："明君贤将，所以动而胜人，成功出于众者，先知也。"[②] 孙武认为，不全面了解敌情和我情，就不能正确预知战争胜负。正如毛泽东所说：

> 要达到智勇双全这一点，有一种方法是要学的，学习的时候要用这种方法，使用的时候也要用这种方法。
>
> 什么方法呢？那就是熟识敌我双方各方面的情况，找出其行动的规律，并且应用这些规律于自己的行动。[③]

可见，孙武的"知彼知己"是探索制胜之"道"战略思维的根本方法，也是孙武信息思维方法的本质和核心。

---

① 吴九龙：《孙子校释》，军事科学出版社1991年版，第48页。
② 吴九龙：《孙子校释》，军事科学出版社1991年版，第237页。
③ 毛泽东：《毛泽东选集》（第一卷），人民出版社1991年版，第178页。

（三）基本要求："知天知地"

孙武不仅提出预知胜负之道贵在"知彼知己"的信息思维方法，而且还提出了运用这一思维方法的内在要求——"知天知地"。

从"知天知地"内容要求看，孙武强调既要知己也要知彼。知己方面，孙武揭示了五种预知战争胜负的原则方法，即：

> 知可以战与不可以战者胜，识众寡之用者胜，上下同欲者胜，以虞待不虞者胜，将能而君不御者胜。①

知彼方面，孙武强调了"三不"原则，即：

> 不知诸侯之谋者，不能预交；不知山林、险阻、沮泽之形者，不能行军；不用乡导者，不能得地利。②

孙武在《用间篇》中提出了更加具体的"知彼"内容。如：

> 凡军之所欲击，城之所欲攻，人之所欲杀，必先知其守将、左右、谒者、门者、舍人之姓名，令吾间必索知之。③

可见，孙武强调知彼知己，是要全面掌握敌我双方各方面的情况，以此作为正确判断和决策的战略思维活动的基础。

从"知天知地"的方法和要求来看，孙武既强调静态分析，又强调动态获取。比如：孙武既强调宏观上定性定量分析，如将度、量、数量观念作

---

① 吴九龙：《孙子校释》，军事科学出版社 1991 年版，第 47 页。
② 吴九龙：《孙子校释》，军事科学出版社 1991 年版，第 208 页。
③ 吴九龙：《孙子校释》，军事科学出版社 1991 年版，第 245 页。

为军事上的重要范畴，并用于计算决定战争胜负的各种物力、人力等资源，这是静态分析。强调运用间谍获取敌情，通过"策之"的分析方法判断敌方作战计划的优劣，通过"作之""形之""角之"等战场侦察手段了解敌情，并列举了相敌的 32 种具体的现象，这是动态获取。

从"知天知地"时空要求来看，孙武强调尽知和早知。所谓尽知，这是空间概念，就是要知道信息的方方面面，包括敌情、友情、友邻，各方面的态势和相互之间的协调等，正如班排战术中作战命令必须明确的要素包括：一敌二我三友邻，四把任务来区分，五协六路七信记，八定时限代理人①。这个作战命令就涵盖了信息的方方面面。进攻发起之前，必须将这些信息明确告知所属人员。早知则是一个时间概念。从时间上看要早知道，早谋划、早出预案。因为只有早，并留有余地，才不至于措手不及。也因为只有早，才使得即使出现意外情况，也有机会弥补。战场情况瞬息万变、稍纵即逝，如果不能做到早知和尽知，就可能丧失战机。

（四）渠道选择：不可相于事

关于知的渠道，孙武提出："不可相于事，必取于人。"意思是说，获取信息，不能依靠鬼神，必须依靠间谍。为此，孙武专门把用间作为单独的一篇进行阐述。可以理解，在孙武所处的时代，战争发展处于冷兵器时代，信息的获取渠道比较单一，孙武讲"必取于人"是可以理解的。而且孙武还列举了"伊挚在夏""吕牙在殷"的例子加以证明。孙武的这个思想，既反映了当时的实际情况，也展示了其朴素唯物主义特色。对于这一问题，有三点必须作进一步说明：一是不能因此认为孙武是唯物主义者；二是用间只是信息获取的渠道之一，并不是信息获取渠道的全部；三是孙武把信息置于战略地位，这在世界兵学史上是首创。

---

① 这是笔者在野战部队当班长训练步兵班进攻战术时，记忆作战命令的口诀。步兵班进攻战术班长下命令的主要内容包括：（1）敌情；（2）我情；（3）友军情况；（4）任务部署；（5）明确协同事项；（6）通过通路的方法及注意事项；（7）明确信记号；（8）明确班长代理人。

总之，孙武的"知彼知己""知天知地"观，既体现了信息情报是战略思维信息思维方法的基础，又揭示了获取和依靠信息进行战略思维的方法和要求；既揭示了信息思维要素，又揭示了信息思维之信息来源渠道。如何运用信息思维方法揭示战争规律，如何用信息思维方法指导战争呢？只有"知彼知己"，才能"胜乃不殆"；只有"知天知地"，才能"胜乃可全"。

于领导者而言，要实现"知"，必须高度重视信息工作，既要了解上情和下情，也要对同级和自己的情况了如指掌。所谓"上接天线"就是要及时掌握上面的形势与要求，所谓"下接地线"就是要主动了解基层群众的诉求期望。领导者切忌坐在办公室里苦思冥想、闭门造车。

二、系统思维法：五事七计、人情之理

系统思维方法强调把战争及军事问题放在全局和大系统中加以考察和处理，以探索战争规律和解决军事问题的基本方法。《孙子兵法》关于"五事七计""人情之理"的观点，反映出孙武战略思维中朴素的系统思维方法。

（一）庙算多胜：战争系统观

《孙子兵法》开篇就提出了"五事""七计"问题。"五事"指"道""天""地""将""法"，是战略决策的五件大事，"凡此五者，将莫不闻，知之者胜，不知者不胜。"[1]"七计"则指"主孰有道？将孰有能？天地孰得？法令孰行？兵众孰强？士卒孰练？赏罚孰明？"[2]孙武认为，全面比较这七个方面的情况，"吾以此知胜负矣"。"五事七计"的核心是"经之以五，校之以计而索其情"[3]，即通过对敌我双方五个方面的分析、七种情况的比

---

[1] 吴九龙：《孙子校释》，军事科学出版社 1991 年版，第 9 页。
[2] 吴九龙：《孙子校释》，军事科学出版社 1991 年版，第 10 页。
[3] 吴九龙：《孙子校释》，军事科学出版社 1991 年版，第 3 页。

较，来探索战争胜负的规律，集中体现了孙武战略思维的全貌——系统战争观和在系统中考察战争规律的战略思维方法。孙武的系统战争观包括三个方面：

第一，认为战争是社会大系统中的一个子系统，战争与其他系统有着密切的联系。"兵者，国之大事也"，即强调战争是国家大事，而国家大事包括政治、经济、社会、文化、生态、军事、战争、外交等多个子系统，战争（军事）作为其中的一个系统是与政治、经济、外交等相互影响、相互制约的，孙武根据战争与社会各个系统的联系，提出了以"道"为首，重视经济实力和外交斗争等一系列制胜之道。

第二，战争本身也是一个复杂的系统，战争胜负决定要素是一切有关战争的各种情况和条件，孙武将其概括为"五事七计"，即战争的胜负是由各种要素综合决定的。从战争理论来看，这个系统的组成就更为复杂了，比如：战争动员系统、战争力量建设与运用、战争行动指挥与控制、战场建设等。

第三，战争胜负的各种要素又是有层次的，对战争胜负起着不同的影响和作用。孙武考察战争，并不是简单地、孤立地罗列各种要素，而是分析各个要素的作用及相互之间的关系，强调以"道"为首的战争制胜条件和"知彼知己"的普遍制胜规律的共同作用。显然，孙武的战略思维模式区别于"就事论事""从局部到整体""由细而总"的一般思维方法，与现代系统论的整体性方法、相关性方法、层次性方法、结构性方法具有高度的吻合性。

（二）德危锐惰：主观能动性

察"人情之理"体现了从精神和心理因素入手研究战争指导的系统思维方法。孙武系统思维观和系统思维方法，不但包括从物质等客观要素入手研究战争指导，而且包括从精神和心理等因素方面考察战争和进行战争指导。孙武的"五事"要素中就包含了人的精神和心理要素，强调察"人情之理"，就是要针对敌我双方的精神和心理特点，判断人的心理因素对战略行动的影响。《孙子兵法》系统思维方法从精神和心理因素视角来看，表现如下：

其一，孙武在《计篇》中提出将帅合格素质的"五德"条件后，又在《九变篇》中提出了将帅潜在的"五危"不良素质，警示己方将帅自省。利用敌方将帅弱点采用"可杀""可虏""可侮""可辱""可烦"等制敌方略。

其二，孙武根据出国作战己方将士"甚陷则不惧，无所往则固，入深则拘，不得已则斗"[①]等心理，强调要针对不同心理状态采取相应对策。

其三，孙武根据处于穷途末路之敌的心理状态，提出要采取"勿遏""必阙""勿迫"等不同策略，根据敌军士气变化，可以"避其锐气，击其惰归"。[②]

其四，强调精神和心理因素对战争胜负的影响，对内实行保民、爱国及仇敌教育，激发将士的士气，增强内部凝聚力，对敌则示以强大的威势，以达到"不战而屈人之兵"的目的。

从这几个方面来看，孙武察"人情之理"的战略思维，既注重考察敌我大系统的心理状况，又把敌我各方分成将帅、士卒等在各种情况下不同心理变化的小系统，并予以整体考察。可以说，孙武对精神和心理因素的考察与利用，充分体现和遵循了辩证思维的整体性、层次性及相关性原则。

孙武主张分析"五事七计"、察"人情之理"的考察战争和制定战略决策的战略思维方法，既强调系统分析客观要素对战争胜负的作用，又强调分析和利用精神及心理因素的影响，并把二者有机结合起来认识战争规律和进行战争指导。虽然从现代系统科学的观点来看，孙武的系统思维方法还是比较原始和粗糙的，但却是军事战略领域系统思维方法的重要源头。

领导者在实践中如何坚持和运用系统思维？

---

① 吴九龙：《孙子校释》，军事科学出版社 1991 年版，第 137 页。
② 吴九龙：《孙子校释》，军事科学出版社 1991 年版，第 123 页。

一要有系统意识。系统意识表现在注重全局、注重协调，注重改革措施整体效果，聚合各项改革协调推进的正能量。

二要区分层次。抓工作要注意区分层次、分类指导。既要有顶层设计和总体目标，也要有具体任务分解，做到"立治有体、施治有序"，避免零敲碎打、碎片化修补。

三要把握进程。把握好力度与节奏，既要有雷厉风行的作风，也要有闲庭信步的定力。应加强不同时期改革的配套和衔接，防止畸重畸轻、单兵突进、顾此失彼。

四要发挥主观能动性。在推动工作的过程中，可能面临种种困难和阻力。这些困难和阻力，有些是主观原因造成的，有些是客观原因造成的。这就要求领导者要学会适时做好思想政治工作，充分发挥主观能动性。一方面，人的潜能是可以挖掘和开发的，另一方面，人的能力的发挥与人的主观性又密切相关。当客观上存在阻力或困难时，也可以从主观努力上进行弥补。

五要重点突破。对于系统性问题，在短时间内，全面铺开、整体推进，难度很大，所遇到的阻力也会相当大。与其整体攻击，不如"零敲牛皮糖"，这就要求领导者一定要选准突破口，"撕开口子"后，突破心理防线，然后一步一步达成目标。作战是如此，化解一般矛盾、解决一般问题同样如此。领导者在工作中，要遵循轻重缓急原则，运用"零敲牛皮糖"的方式，运筹帷幄，找准局部和整体、主要与次要、重要与一般的关系，集中精力攻克逐项矛盾问题和事务，一项一项地"敲"定落实，以局部促整体，以小事促大事。

三、辩证思维法：杂于利害、以迂为直

战略思维活动客观上要求战争指导者运用辩证思维方法，从正反两方面全面地辩证地思考问题。孙武"杂于利害""以迂为直"的思想，体现了

战略思维中辩证思维方法的生动运用。

（一）统筹利害：务伸患解

"杂于利害"思想体现了对战争因素中利与害的辩证认识和科学利用。孙武强调：

> 智者之虑，必杂于利害。杂于利，而务可信也；杂于害，而患可解也。①

就是说，君主、将帅在判断情况、定下决心、制订计划以及驾驭战争形势的发展等有关战争的全部问题时，其考虑和权衡，必须充分兼顾到利和害两方面。孙武关于利与害的辩证认识主要体现在：

一是既要分析有利因素，又要分析不利因素，既要看到各种因素中有利的一面，又要看到其有害的一面，"不尽知用兵之害者，则不能尽知用兵之利也"②，即首先要知道用兵之害，然后再想到用兵之利。这样思考问题，方能做到"合于利而动，不合于利而止"③。

二是强调"在利思害，在害思利"④。此八字为曹操注《孙子兵法》所言。务求趋利避害，防止顾利而忘害。孙武认为，打了胜仗可以"胜敌而益强"，可以"扩地分利"，但是如果"钝兵挫锐，屈力殚货"，甚至弄到了"亡国不可以复存"的地步，那么"虽有智者，不能善其后矣"。

孙武运用对利与害的辩证认识，进一步提出了如何巧妙利用战争因素的有利方面和有害方面的方法：

其一，将帅必须树立"杂于利害"的观念。如果固执一端，单向思维，

---

① 吴九龙：《孙子校释》，军事科学出版社1991年版，第137页。
② 吴九龙：《孙子校释》，军事科学出版社1991年版，第23页。
③ 吴九龙：《孙子校释》，军事科学出版社1991年版，第231页。
④ 吴九龙：《孙子校释》，军事科学出版社1991年版，第138页。

就有丧失胜利信心或招致失败的危险。只有"杂于利",才能对胜之可为提高信心;只有"杂于害",才能解除潜在的祸患,或者对可能产生的祸患准备好应对方式,战争指导者只有利害兼顾,才能在决策时把握好"度",不至于因为做过了头而走向反面。

其二,提出了三种可以采取的实际方法:"屈诸侯者以害",运用威胁(害)的手段迫使对方屈服;"役诸侯者以业",设法引诱敌方从事劳民伤财、消耗国力的事业,使(役)其不能对我构成威胁;"趋诸侯者以利",诱之以利,以使对方改变其政策的方向(趋)①。可见,孙武的"杂于利害"思想,不但看到了战争及其影响因素的利与害正反两个方面的辩证关系,而且对如何认识和利用利与害提出了正确的方法,从驾驭利与害这一矛盾入手,为我们进行战略思维提供了辩证思维方法论。

(二)兼顾迂直:兵以诈立

"以迂为直"体现了孙武运用逆向思维,采取间接路线达到直接目的的辩证思维。孙武的"以迂为直"包含着丰富的辩证思想。

就空间而言,距离远近是相对的,直取戒备之敌难以达到目的,故虽近犹远。迂回奇袭敌人往往能够达到目的,故虽远犹近。因此,孙武主张"故迂其途而诱之以利,后人发,先人至"②,即己方部队利用迂回战术,以空间换取时间,麻痹懈怠敌人,以小利引诱敌人,与敌人抢夺时间。正如《十一家注孙武》中的贾林注曰:"敌途本近,我能迂之者,或以赢兵,或以小利,以他道诱之,使不得以军争赴也。"③

就时间而言,时间的长短也是相对的,并且会各向其相反的方向转变。迂回而乘敌势虚,易进易攻,费时反而少;直取而乘敌势实,难进难攻,费时反而较多。孙武主张"以迂为直,以患为利",辩证看待远近和利害,采

① 钮先钟:《孙子三论——从古兵法到新战略》,广西师范大学出版社2003年版,第81页。
② 吴九龙:《孙子校释》,军事科学出版社1991年版,第110页。
③ 吴九龙:《孙子校释》,军事科学出版社1991年版,第111页。

用"避实击虚""攻其无备""出其不意"的战略战术。对此，曹操注曰："示以远，速其道里，先人至"；梅尧臣注曰："能变迂为近，转患为利"；张预注曰："变迂曲为近直，转患害为便利"。①诸家所注皆得孙武之意。

就谋略而言，谋略的直接性与间接性也是相对的。径情直遂的办法不一定能够达到目的，也不一定是最好的方法，而迂回方法往往能够取得走捷径的效果，实现常法所不能达到的目的。因此，孙武主张"兵以诈立""先知迂直之计者胜，此军争之法也"②，强调实施思想和谋略上的迂回。张预注曰：

　　凡与人争利，必先量道路之迂直，审察而后动，则无劳烦寒馁之患，而且进退迟速，不失其机，故胜也。③

孙武提出的"近而示之远""远而示之近""能而示之不能""用而示之不用"等谋略手段，都属于"以迂为直"之类。

从上述孙武"以迂为直"思想的内涵来看，不仅指出了战争指导全过程中最难的事情"莫难于军争"，而且前所未有地提出了"军争之难者，以迂为直，以患为利"④的重要思想。这一思想的实质是强调战争指导者要懂得"迂直之计"，善于对客观情况进行深刻、全面、辩证的分析，从战略的高度、从利与害的辩证关系中找出以迂为直、以害为利的对策，争取先机之利的战争制胜条件。

概言之，孙武"以迂为直"的辩证思维方法，揭示了战略思维对战争方法和策略的选择，不仅要运用顺向思维，而且要运用逆向思维，不仅要按一般逻辑推理，而且还要打破常规思维，采取非常手段。孙武"以迂为直"

① 吴九龙：《孙子校释》，军事科学出版社1991年版，第111页。
② 吴九龙：《孙子校释》，军事科学出版社1991年版，第119页。
③ 吴九龙：《孙子校释》，军事科学出版社1991年版，第120页。
④ 吴九龙：《孙子校释》，军事科学出版社1991年版，第110页。

的战略思维方法，对历代兵家、政治家的影响非常深远。利德尔·哈特提出的"间接路线"战略理论，就是孙武战略思维方法的精辟注解。

可见，孙武"杂于利害""以迂为直"的辩证思维方法，强调在辨别利害的基础上，要善于以患为利，变害为利，从空间的远近、时间的速久、谋略的奇正和迂直上，打破常规，逆向思维，出奇制胜。可以说，"杂于利害"是战略思维的基本内容，是制定"以迂为直"奇谋妙策的基础，而"以迂为直"，善于趋利避害则是战略思维的归宿，二者规范着战略思维运行。

于领导者而言，善于用辩证思维，最为主要的就是熟练掌握马克思主义唯物辩证法，坚持用矛盾对立统一的辩证关系原理观察事物，分析问题；善于抓住主要矛盾和矛盾的主要方面，做到抓重点、带全局，统筹协调，以点带面地开展工作；注重在承认、正视矛盾的前提下着力把握特殊性，为化解矛盾、解决问题寻找合适的方式；始终坚持客观的、全面的、系统的、历史的、发展的、联系的观点，保持清醒头脑与政治上的成熟，防止从一个极端走向另一个极端。

四、目标思维法：安国全军、所措必胜

目标思维方法是战略思维的重要方法。孙武"安国全军""所措必胜"思想体现的正是战略思维的目标思维方法。

（一）目标导向："安国全军"

孙武的"安国全军"观是军事战略决策目标的科学概括，为战略思维提供了导向功能和动力功能。孙武提出"兵者，国之大事也，死生之地，存亡之道，不可不察也"[①]，要求国君与将帅做到重战、慎战、善战。而要做到重战、慎战、善战，必须正确地作出战略决策。对于正确的战略决策的目

---

① 吴九龙：《孙子校释》，军事科学出版社 1991 年版，第 2 页。

标，孙武在其兵法中从战略到战术逐步展开了论述，至《火攻篇》末尾强调"明君慎之，良将警之。此安国全军之道也"①。可以说，"安国全军"正是孙武心目中的战略决策目标，因为孙武十三篇，都是围绕"国之大事"来探讨"安国全军"之道的。这一决策目标，对战略思维具有导向和动力功能。

"安国全军"决策目标的导向功能，主要体现在孙武认为战略决策的至善至高的境界，是作出"不战而屈人之兵"的决策，因此必须首先考虑和选择运用"伐谋""伐交"的手段；如果必须运用战争手段才能解决问题，孙武主张从"安国全军"的根本目标出发，制定"全胜为上"的战略决策，在手段和谋略选择上应是"全国为上，破国次之；全军为上，破军次之"。

"安国全军"决策目标的动力功能，主要体现在孙武要求"主不可以怒而兴师""将不可以愠而致战"，国君与将帅对待战争和作决策，一切要以"安国全军"为目标。作为国君，要以"安国全军"为己任，修道保法，唯民是保，重视战争准备，慎重战争决策，选拔智勇之将且不干预将帅的指挥权，做到全争天下但"兵不顿而利可全"。

作为将帅，则要培养"五德"素质，避免"五危"缺陷的危害，尤其是要有"进不求名，退不避罪"的战略思维品质，敢于作出"利合于主"的决策，敢于履行自己的机断指挥权，一切着眼于为"安国全军"而谋、而谏、而战。可以说，孙武提出"安国全军"决策目标，既为国君和将帅的战略思维提供了强大的动力，又有着科学的导向作用，从而为君主和将帅的战略思维提供了科学的目标思维方法。

（二）目标要求："所措必胜"

孙武的"所措必胜"观是军事战略决策目标的根本要求，为战略思维提供了专注功能和排干扰功能。在孙武看来，要实现"安国全军"的战略决策目标，首先要求这一目标本身必须符合最基本的要求——"所措必胜"。

---

① 吴九龙：《孙子校释》，军事科学出版社 1991 年版，第 132 页。

"所措必胜"，要求战略决策者必须始终把自己战略思维的视角专注于谋"易胜"决策，谋"先胜"决策，谋未战而"已胜"决策上。用孙武的话说，就是决策者的"伐谋""伐交""伐兵"决策，必须是"胜于易胜""胜已败者""未战先胜"的决策。而要作出这样的决策，就要求君主与将帅的战略思维，必须不断排除战争现象中的迷雾，善于辨识虚实、利害、奇正、迂直，能够根据战争规律而作出"所措必胜"的决策。

不仅如此，君主还应该进一步排除"乱军引胜"的做法，对将帅的专任权和军队的事务不干预，以保证前方将帅作出"所措必胜"的决策。毛泽东在1938年5月撰写的《抗日游击战争的战略问题》一文中写道：

> 凡关于一般事项，即战略性质的事项，下级必须报告上级，并接受上级的指导，以收协同动作之效。然而，集中到此为止，过此限度，干涉到下级的具体事项，例如战役战斗的具体部署等等，同样是有害的。因为这些具体事项，必须按照随时变化随地不同的具体情况去做，而这些具体情况，是离得很远的上级机关无从知道的。这就是战役和战斗的分散指挥原则。[1]

毛泽东在这里就强调了集中指挥的问题。哪些问题必须报告，哪些问题上级不必干涉。坚持战役和战斗分散指挥的原则，才能避免"乱军引胜"的做法。而将帅也应不追求名利和辉煌的战功，不怕担负罪责，敢于依据"战道"作出"利合于主"而又"所措必胜"的决策和行使临机专断指挥权。显然，孙武"所措必胜"的观点，既对战略思维的决策目标提出了要求，也对国君与将帅在战略思维中如何专注于决策目标和排除各种干扰因素提出了要求，对于国君和将帅正确地分析战争因素，辩证地把握制胜条件，大胆地排除决策干扰因素的影响，提供了正确的方法和原则。

---

[1] 毛泽东：《毛泽东选集》（第一卷），人民出版社1991年版，第171页。

孙武的"安国全军""所措必胜"目标思维方法，既为战略思维提供了目标和动力功能，也提供了专注功能和排干扰功能，对君主与将帅确立正确的战略思维目标和规范战略思维的运行有着重要的指导价值。现代博弈理论关于"向前展望，倒后推理"的名言，道出了确立战略思维目标对战略思维活动的规范和引导作用。用当代战略思维的观点来看，这一目标思维方法依然具有重要的方法论意义。"安国全军"是战略思维的目标和价值追求，"所措必胜"是战略思维必须遵循的基本原则，二者共同构成了战略思维目标思维方法的合理内核。

五、对比思维法：正反对照、观点鲜明

高尔基曾说："为了获得更大的说服力，必须把所拥护的思想和反对的思想对立起来。"[①] 对照是对立起来说明问题的基本方法，从《孙子兵法》的文本分析来看，对照的修辞方式在《孙子兵法》中得到了成功的运用。孙武运用对比思维阐释了自己的态度，揭示了战争对抗的本质是实力的对比，也指出了不打无准备之仗的基本主张。

（一）去之留之：阐释态度

孙武通过对照来阐述自己的观点，表明自己的态度。比如："将听吾计，用之必胜，留之；将不听吾计，用之必败，去之"[②]。孙武是将帅中心论者，他认为国君是否采纳将帅的主张是将帅决定去留的关键。通过"去"与"留"的鲜明对照，表明了孙武的态度。笔者赞成孙武这种洒脱的人生态度，但是这里也存在一种消极因素。作为领导者来说，不能合意就执行，不合意就撒手不干，这显然不足取。部属的意见只能是给上级作参考，向上级提意见和建议的时候，表述的是自己的认识和观点，不能以这些观点或认识

① 吴如嵩：《孙子兵法新论》，解放军出版社1989年版，第157页
② 吴九龙：《孙子校释》，军事科学出版社1991年版，第11页。

能否被上级接受作为自己去与留的依据。工作的目的是为了促进事业的发展，并不是为了得到领导个人的认可，如果仅仅是为了得到领导个人的认可，那格局就太小了。具有大格局的人不会以领导接受与不接受自己的观点来决定自己的去与留。

此外，孙武在论述攻守时，也运用了此方法，如"攻则有余，守则不足"，在这里，攻与守、有余与不足，就是对比着说。再如"攻则动于九天之上，守则藏于九地之下"，这里的"九天之上"与"九地之下"、"动"与"藏"，也是对比着说的。

（二）以镒称铢：揭示本质

孙武善于通过强烈的对照来反映事物间的矛盾，揭示事物的本质，从而使《孙子兵法》对建军和作战中的许多矛盾现象或本质问题的论述极为深刻有力。比如：

> 故胜兵若以镒称铢，败兵若以铢称镒。[1]
> 是故胜兵先胜而后求战，败兵先战而后求胜。[2]
> 凡先处战地而待敌者逸，后处战地而趋战者劳。[3]

以上三例同属两相对照，即把两种对立的事物加以对照，使二者的不同本质尖锐而突出地摆在读者面前。孙武为了说明军事实力是胜负的根本条件，把胜早与败早加以对照，指出二者力量强弱之悬殊如以镒称铢，镒铢对比，二者相差五百多倍。这就把孙武重视战争物质基础的观点鲜明地展示出来了。

孙武认为，实力是决定战争胜负的重要因素。当然，今天对实力的认

---

① 吴九龙：《孙子校释》，军事科学出版社1991年版，第63页。
② 吴九龙：《孙子校释》，军事科学出版社1991年版，第61页。
③ 吴九龙：《孙子校释》，军事科学出版社1991年版，第84页。

识有新的变化。现在看来，这实力并非仅只物质实力，实力指实在的力量，一个国家的实力包括硬实力、软实力。硬实力是指支配性实力，它是指一国的经济力量、军事力量和科技力量，通俗指看得见、摸得着的物质力量。软实力作为国家综合国力的重要组成部分，特指一个国家依靠政治制度的吸引力、文化价值的感召力和国民形象的亲和力等释放出来的无形影响力。

作为领导者，综合实力分硬实力和软实力，硬实力是有形的，软实力是无形的，无形胜有形。硬实力是可以证明的能力，如学历、技能证书等，是道行高低的体现；而软实力是指难以估量的能力，比如思维能力、沟通能力、表达能力、文化修养、学习能力、团队协作能力和创新能力，这是个人修为的重要体现。

（三）主动被动：表明主张

孙武还通过对照，深刻地揭示不打无准备之仗、不打无把握之仗的作战主张。通过先机待敌与被动迎敌的鲜明对照，有力地表达力争主动、力避被动的作战指导思想。由于孙武善于运用对比思维方法，善于选取那些矛盾异常尖锐突出的事物加以对照，以此展示事物矛盾，揭示事物本质，表明自己的观点和态度，他的论证尖锐有力、深刻鲜明，从而使他的观点和主张得到很好的体现和宣扬。

孙武强调"攻则有余守则不足""致人而不致于人"[①]，在这里，攻与守，不足与有余，致人与致于人，就是正反对照来讲的。正反对照着讲，核心问题是主动权问题，对作战来说，掌握主动权是制胜的根本。失去了主动权，也就失去了制胜的根本。与之相对应，作为领导者来说，化解一般的矛盾或解决一般的问题，掌握主动权也是至关重要的。领导者如何掌握主动，一方面是占据信息优势，一方面是占据资源优势，再一方面是占据了

① 吴九龙：《孙子校释》，军事科学出版社1991年版，第84页。

发展中的势。

六、历史思维法：昔之善者、先为不败

《孙子兵法》集中了孙武对过往战例的研究成果，这是不容忽视的事实。综观《孙子兵法》全文，发现孙武引用过往的文献或事例共有三处。一是引用《军政》，二是例举吴越相恶协同如一，三是在《用间篇》中用"伊尹""吕牙"的例子论证"上智用间"。虽然类似的引文或事例不多，但也展示了孙武战略思维方法中的历史思维方法。

（一）军政谋略，古已有之

孙武论证观点时，根据需要选择了过往的事例。比如："《军政》曰，言不相闻，故为金鼓，视不相见，故为旌旗。"[①]《军政》这部书是西周时期萌芽形态的兵书，该书早已失传，作者亦不详。但《左传》《通典》的引文"有德不可攻""地制为宝""知难而退""强而避之"等论述揭示了深刻的谋略内容，可以看出这是我国古代军事思想的重要源头。同时也清晰地看到，中国古代的谋略、兵学等基因，并非始于孙武，而是在孙武之前就已逐步形成。在孙武之前，先人对战争的认识和理解，对战争指导的总结和梳理，已经达到了相当的程度，而且已有相对完整的著作问世。有专家认为：

> 先秦时期丰富的实践活动与军队建设成就，使当时的军事思想家对军事理论的研究和建树具备了可能性，而各个阶级、阶层与政治集团为了赢得战争的胜利，也急切需要拥有为自己服务的军事学家，为从事战争实践活动提供理论的指导。因此，军事思

---

① 吴九龙：《孙子校释》，军事科学出版社 1991 年版，第 120 页。

想在先秦时期的形成并高度繁荣，乃是历史的必然。①

这些军事理论著作就包括：《司马法》《军政》《军志》《令典》等。孙武在这里引用《军政》中的这段话，来论述作战指挥中的问题。这些军事理论著作，草民是没有办法了解的，也没有机会了解。因为当时的战争指挥，主要是统治阶级的事，是贵族关心的事，普通百姓与之无缘。孙武引用"金鼓旌旗"论证作战指挥的问题，应该是在深入研究古代战例基础上得出的结论，也是运用历史思维方法得出的结论。

（二）吴越相恶，协同如一

孙武在论述作战协同问题时说："夫吴人与越人相恶也，当其同舟而济，其相救也，如左右手。"② 孙武在这里举了吴国人与越国人相互仇恨的例子，以说明即便是有仇的双方，一旦他们一起同舟渡河时，他们也能互相救援，就像一个人的左右手。孙武所处的时代，战争频发，社会动荡，他引用吴越相恶协同如一的例子，单从例子本身看，至少可以悟出两个方面的含义。一方面，两个相恶的国家都能在关键时候协同如一，更何况战友之间或友邻之间呢。另一方面，他认为，只要是面临同样的困境，相恶的人，甚至是敌对的人，也有可能为了共同的利益团结和协同起来。

进一步思考，孙武从历史思维的角度引用这个例子，至少可以认识到四层内涵。一是孙武论证协同问题的时候，思维是向历史方向看的。他想用历史战例论证协同的问题。二是孙武选择的例子也很特别，选择吴越相恶，因为从历史经验看，吴越相恶是众所周知的历史事实，如果相恶的双方都能协同如一，那友好的双方相互协作的可能性不就更大了？三是这也说明了战争协同的重要性。为了战胜，可以抛开过往任何不快，战争当前，协同是第一位的。四是面临共同处境或共同的敌人，不必纠结过往。孙武的历

---

① 于汝波、黄朴民：《中国历代军事思想教程》，军事科学出版社 2000 年版，第 3 页。
② 吴九龙：《孙子校释》，军事科学出版社 1991 年版，第 200 页。

史思维扎根于历史战例分析和历史材料研究，所以对战争的分析也更显得有历史的厚重感，也更显示了论证的力度。

于领导者而言，那就应当明白，没有解决不了的问题，也没有化解不了的矛盾。即使是相互仇视的双方，依然有合作和妥协的可能，更何况为了同一事业和目标而努力奋斗的同事、同僚和同志呢？

（三）殷周之兴，上智为间

孙武在论述间谍时，说"昔殷之兴也，伊挚在夏；周之兴也，吕牙在殷"[1]。在这里，孙武举了历史上的事例，论证其观点，"故惟明君贤将，能以上智为间者，必成大功"。[2] 由此看来，《孙子兵法》文本6000多字，此三处引用历史上的观点和史事，以此来论证自己的观点，其历史思维方法的运用，恰到好处。此外，孙武在其文本中，先后两次用到"昔"字。

> 昔之善战者，先为不可胜，以待敌之可胜。不可胜在己，可胜在敌。[3]
> 昔殷之兴也，伊挚在夏；周之兴也，吕牙在殷。[4]

可见，历史思维方法是《孙子兵法》战略思维中所体现的重要战略思维方法。

七、前瞻思维法：庙算多胜、先知之道

任何战略行动都需要一个行动时间段，而不是一个时间点。这个时间段起于行动开始，止于行动结束，而且根据行动的难易程度和任务的艰巨

---

① 吴九龙：《孙子校释》，军事科学出版社1991年版，第247页。
② 吴九龙：《孙子校释》，军事科学出版社1991年版，第248页。
③ 吴九龙：《孙子校释》，军事科学出版社1991年版，第53页。
④ 吴九龙：《孙子校释》，军事科学出版社1991年版，第247—248页。

程度，时间段的长短不一。针对这种情况，战略思维就必须有前瞻思维，如此才不至于面临意外情况而措手不及。孙武的前瞻思维内涵主要表现在三个方面：前瞻的内容是见胜，前瞻的依据是情报，前瞻的结果是得出"先为不可胜"的结论。

（一）前瞻内容：庙算见胜

孙武在这个问题上为我们作出了表率。孙武说：

> 夫未战而庙算胜者，得算多也；未战而庙算不胜者，得算少也。多算胜，少算不胜，而况于无算乎！吾以此观之，胜负见矣。[①]

这里面所体现的前瞻思维方法有两个关键词。一个是"庙算"，庙算什么？庙算依据是什么？庙算方法是什么？都是值得深思的问题。庙算，就是框算，即把所掌握的情况作一个整体上的前瞻思维，考虑一下，己方胜算有多少，到底胜算是多还是少。框算依据是什么呢？依据就是孙武在前面所分析的"道""天""地""将""法"五事。框算方法呢？就是前瞻思维方法。再一个是"见"。"见"同"现"，意为根据这些规律考察、前瞻，战争胜败就显而易见了。"见"的意思包括预见，即根据所掌握的情况，预见可能出现的结果，预见就是前瞻。

（二）前瞻依据：先知敌情

孙武又强调"故明君贤将，所以动而胜人，成功出于众者，先知也"[②]。先知就是预先侦知敌情。这里讲的先，就是一种前瞻思维方法。

前瞻依据是什么？孙武强调先知。先知的先，就是一个时间概念。从时

---

① 吴九龙：《孙子校释》，军事科学出版社 1991 年版，第 15 页。
② 吴九龙：《孙子校释》，军事科学出版社 1991 年版，第 237 页。

间维度强调先与后。也就是说，判断敌情，一定要用发展的眼光，超越现实的发展阶段，提前预想可能发生的情况，可能发生的变化，进而做好应对的准备措施。当然，孙武强调前瞻，主要是强调先知敌情。这又是什么背景？又有什么缺陷呢？因为孙武所处的时代是冷兵器时代，决定战争胜负的因素中，敌情占核心地位，所以孙武着重强调对敌情的先知。今天看来，也还是有缺陷，缺陷在于重视敌情忽视其他。决定战争胜负的因素是什么？毛泽东讲：

> 战争的胜负，固然决定于双方军事、政治、经济、地理、战争性质、国际援助诸条件，然而不仅仅决定于这些；仅有这些，还只是有了胜负的可能性，它本身没有分胜负。要分胜负，还须加上主观的努力，这就是指导战争和实行战争，这就是战争中的自觉能动性。[1]

除了决定因素之外，当然还包括其他因素，比如地形、敌情、我情、友邻、国际国内形势等，尤其是在信息化战争背景下，"蝴蝶效应"对战争的影响是不可预测的，所以说，前瞻敌情远远不够。即便前瞻的情况想得很全了，还是有一些非确定性因素是难以前瞻的。

因此，前瞻不仅是一种方法，更是一种意识。完全将可能发生的情况想清楚很难，也几乎是不可能的事，但尽可能把能想到的情况想到，则是自如应对情况变化的必要条件。

（三）前瞻结果：形胜先胜

先为不可胜，以待敌之可胜。[2]"不可胜"就是讲的形胜先胜。孔子也说"人无远虑，必有近忧"，孙武与孔子基本处于同一时代，两人有前瞻思

---

① 毛泽东:《毛泽东选集》（第二卷），人民出版社1991年版，第478页。
② 吴九龙:《孙子校释》，军事科学出版社1991年版，第53页。

维的共同点。远虑与先知，表述有异，本质相同，都认为人的思维必须有未来导向，先知与远虑交相为用，不能先知就不能远虑，反之，不能远虑的话，也没有先知之必要。然而，当前事实却让人无法不失望，因为"火烧眉毛顾眼前"，这是人类的通病。人们往往着重考虑眼前困难，而对未来的事情，则认为可以暂时放在一边，重视现在而忽视未来，这是一般人心态。

八、比方思维法：明比暗喻、生动活泼

比方就是用容易明白的甲事物来说明不容易明白的乙事物，或者用甲事物来说明乙事物的行为，又称比拟，思维的过程中用比喻的方法，把复杂的问题简单化，生动化，让人容易理解，容易接受。比方思维方式是一种表现力极强、使用频率极高、思维效果极好的思维方式。《孙子兵法》对比喻的运用极为广泛、极为成功，可以说已经达到了出神入化、炉火纯青的程度。

（一）明喻增味，通俗易懂

明喻通俗易懂，耐人寻味。所谓明喻，就是本体、喻体都出现，两体界限清楚，中间用"像""以""若"之类比喻词联结，直观形象地把抽象的问题阐述得通俗易懂。

例如"故胜兵若以镒称铢，败兵若以铢称镒"[①]。实际上是两个明喻连用，它们的本体是"胜兵"与"败兵"，喻体分别是"镒称铢"和"铢称镒"。比喻词是"若"。在这里，把显示军事实力强弱的"胜兵"与"败兵"用"镒"和"铢"这两个相差悬殊的重量单位之间的不同关系作比，让人们深刻地认识到军事实力的优势与劣势是胜败的关键之所在。

---

① 吴九龙：《孙子校释》，军事科学出版社1991年版，第63页。

又如："胜者之战民也，若决积水于千仞之溪者，形也。"① 本体是"胜者之战民"，喻体是"决积水于千仞之溪"，"若"是联结两体的比喻词。为了说明什么是军事上的形，孙武在这里打了一个生动的比喻，即胜利的军队其指挥作战，如同八百丈高处决开的溪中积水一样势不可当。通过比喻，使抽象无形的概念得到了具体、形象、生动的说明，从而阐明了"形"这个概念在军事上的内涵。

（二）暗喻增力，寓理于事

本体、喻体都出现，两者间有时用"是"联结，字面上不露出比喻的形迹，常常表现为判断式、附加式、同位式、并列式、注释式等，这种比喻是暗喻。

暗喻比明喻进了一步，除基本格式"甲是乙"中用"是"作暗喻词外，其他形式的暗喻都无比喻词，而通过附加、同位、并列等语法结构关系把本体和喻体联结起来，融为一体，使两者的关系更为密切。《孙子兵法》中的暗喻主要有判断式和并列式两种。

比如"终而复始，日月是也，死而复生，四时是也"②。在这个暗喻中，本体是终而复始，死而复生，喻体是日月的运行、四时的交替，这两个比喻形象说明了孙武的"奇正变化循环往复"的理论观点。

再如"夫将者，国之辅也"③。用"辅"这个人们所熟悉的概念或评价来比喻将，充分强调将在国家中的重要地位和作用。

再如，孙武为了强调知胜负和争胜全胜的重要性，连续用"举秋毫不为多力""见日月不为明目""闻雷霆不为聪耳"④ 三个比喻，形象地说明真正高明的战争预测和真正完美的战略决策不是轻而易举的，更不是一般世

---

① 吴九龙：《孙子校释》，军事科学出版社1991年版，第64页。
② 吴九龙：《孙子校释》，军事科学出版社1991年版，第72页。
③ 吴九龙：《孙子校释》，军事科学出版社1991年版，第44页。
④ 吴九龙：《孙子校释》，军事科学出版社1991年版，第58页。

俗之辈所能做到的。

> 声不过五，五声之变，不可胜听也；色不过五，五色之变，
> 不可胜观也；味不过五，五味之变，不可胜尝也。战势不过奇正，
> 奇正之变，不可胜穷也。①

孙武用五声、五色、五味的变化说明"不可胜穷"，又用一系列人们熟悉的自然现象，寓理于事，引喻明理，因而说理透彻，具有非常强大的说服力量。

（三）博喻增势，气势磅礴

孙武善用博喻。所谓博喻，就是用多个喻体比喻一个本体，以加强语意，增添气势，从而使本体得到更充分的说明。如：为了说明出奇制胜，应变万方，他满怀激情地写道："故善出奇者，无穷如天地，不竭如江河。"② 由于孙武善用博喻，对于一个观点、一个主张、一种规律，常常从不同方面、不同角度，多方设喻，层层设喻，因而，他的言论具有一种气势磅礴的论证气势。在这种气势下，人们不能不接受他的观点，不能不被他的观点所折服。

孙武比方思维方法的特点，也很突出。

一是深入浅出。表现在化抽象为形象，变深奥为平易。比如：

> 是故善战者，其势险，其节短、势如扩弩，节如发机。③
> 任势者，其战人也，如转木石；木石之性：安则静，危则动，

---

① 吴九龙：《孙子校释》，军事科学出版社1991年版，第73页。
② 吴九龙：《孙子校释》，军事科学出版社1991年版，第72页。
③ 吴九龙：《孙子校释》，军事科学出版社1991年版，第75页。

方则止，圆则行故。①

　　"势"是《孙子兵法》中一个很重要的概念，对于什么是势，要下一个准确定义很难，但孙武用这个比喻，既生动又形象，让人易于理解。《孙子兵法》所阐述的观点，所揭示的规律大多较为抽象，但由于选择和运用那些具体的、形象的、浅显的和人们所熟知的事物，用打比方的方法加以说明，这种思维方法达到了深入浅出的效果。

　　二是文约义丰。形象生动，唤起读者丰富的联想，给人留下鲜明的印象。比喻的生命在于新鲜、恰切、能唤起人们的联想，如：

　　　　夫兵形象水，水之形，避高而趋下；兵之形，避实而击虚。水因地而制行，兵因敌而制胜。②
　　　　是故始如处女，敌人开户，动如脱兔，敌不及拒。③

　　避实击虚，因敌制胜，是孙武作战指导上的两条重要军事原则，孙武用水的特性作比喻，十分贴切，用处女和脱兔为喻，说明战前的伪装要示弱，示虚，诱使敌人放松戒备，一旦战机到来，就要像脱兔一样，抢占先机，争取主动。短短几个字，描绘了生动的形象，表达了丰富的内容。意境生动，形象鲜明，唤起了读者丰富的联想，给人以巨大的艺术感染。

　　三是富于创造性。喻体源自生活，设喻富于创造性。我们知道，比喻最忌讳的是沿用已久、失去活力的俗语俗事。它应该来源于生活，又经过概括加工而高于生活。在这方面，《孙子兵法》也为我们树立了典范。如：

　　　　故其疾如风，其徐如林，侵掠如火，不动如山，难知如阴，

---

　　① 吴九龙：《孙子校释》，军事科学出版社 1991 年版，第 80 页。
　　② 吴九龙：《孙子校释》，军事科学出版社 1991 年版，第 102—103 页。
　　③ 吴九龙：《孙子校释》，军事科学出版社 1991 年版，第 216 页。

动如雷震。①

　　奇正相生，如环之无端，孰能穷之。②

　　故善用兵者，譬如率然；率然者，恒山之蛇也。击其首则尾至，击其尾则首至，击其中则首尾俱至。③

　　以上三例，乃至其他许多例证，都极其新颖别致，都让读者感觉耳目一新。尽管文本产生于2500多年以前，但今天读来，仍然觉得新鲜。用风、林、火、山、阴、雷比喻军队在各种战术行动中的不同状态；用圆环之无首无端，比喻战术变化之没有穷尽；用恒山之蛇比喻作战部署的协同配合。这些比喻中的喻体都是生活中的普通事物，由于孙武准确地抓住了它们与自己所要说明的事理之间的"恰似点"，经过提炼加工，因而形成了既通俗浅显，又富有独创性的比喻。可见，孙武确实是打比方的高手。

　　孙武所处的时代，思维方法的概念没有今天这样丰富，《孙子兵法》文本中也没有明确表达思维方法的概念。今天我们通过对《孙子兵法》整体上的把握，从信息思维法、系统思维法、辩证思维法、目标思维法、对比思维法、历史思维法、前瞻思维法和比方思维法等八个方面，梳理出孙武战略思维方法，其实是用今天的眼光去看过去的事情。从某种程序上看，用今天的眼光看过去的事情，作出评判或结论，会存在片面性或苛刻性，然而，只要有利于人们认识、理解和传承孙武的战略思维智慧，批判也未必不可，甚至还是一件非常有意义的事情。

---

① 吴九龙：《孙子校释》，军事科学出版社1991年版，第117—118页。
② 吴九龙：《孙子校释》，军事科学出版社1991年版，第74页。
③ 吴九龙：《孙子校释》，军事科学出版社1991年版，第199页。

第六章　《孙子兵法》与领导者战略思维能力

所谓战略思维是指主体对关系事物根本性、全局性、长远性的重大问题的综合、分析、预见、判断、谋划和决策的思维方式，强调从根本、全局、长远上把握各种本质关系，制定战略目标并找出有效的实现路径，主要解决"怎么看""做什么""怎么做"和"坚持住"的问题。战略思维能力，是指具有谋划全局的能力和长远的预见能力，是领导者做好工作的先决性条件。战略性决策需要战略思维能力。战略思维能力高，能够作出优秀的科学的战略决策；战略思维能力低，无法作出理想的完美的战略决策。

一、何谓战略思维能力

战略思维能力就是全局性思维能力。这里讲的全局性，包括时间和空间两个维度。在空间维度上，整个世界、一个国家、一个战区、一个独立的战略方向，都可以是战略全局，一定的空间就是一定范围的全局。在时间维度上，贯穿于指导战争准备与实施的各个阶段和全过程，一定的时间阶段就是这个阶段的全局。值得注意的是，一定的空间或一定的时间在更高层面上还有更大的全局。战略领导者和指挥者要把注意力摆在关照全局上面，胸怀全局，通观全局，把握全局，处理好全局中的各种关系，抓住主要矛盾，解决关键问题；同时注意了解局部，关心局部，特别是注意解决好对全局有决定意义的局部问题。此外，还要认识到，战略全局是具有相对性的。例如，对领导者来说，可能本部门是全局，部门下面的科室是局部；本单位是全局，本单位下面的部门是局部；本系统是全局，本系统下面的单位是局部；整个社会是全局，社会所属各系统是局部。

全局上面有更大的全局，局部下面有更小的局部。无论身处哪个层面上的全局和局部，一定要认识到全局性的相对性。任何一个问题，如果出现分歧，只要站在更高层次去思考，就可以找到最大公约数。这个最大公约数，就是在更大的全局中所寻找的解决问题的思路、方法与途径。

战略思维的能力，就是洞察全局、思考全局、谋划全局、指导全局、配合全局的思想方法和工作能力。毛泽东曾指出：

> 任何一级的首长，应当把自己注意的重心，放在那些对他所指挥的全局说来最重要最有决定意义的问题或动作上。[1]

邓小平也一贯强调：

> "要看到大事、要有战略观念"。[2]
> "不能只在眼前的事务里面打圈子，要用宏观战略的眼光分析问题"。[3]

在新的历史时期，各种新情况、新问题、新矛盾层出不穷，领导者担负着组织某一地区、某一部门和某一单位科学发展的重任，更须特别重视战略问题，增强战略思维，提高战略思维能力。决不能只顾埋头具体事务，做忙忙碌碌的事务主义者。更不能只注重经济发展，而应该将经济建设、政治建设、文化建设、社会建设和生态文明建设协调起来综合发展。

---

[1] 毛泽东：《毛泽东选集》（第一卷），人民出版社1991年版，第176页。
[2] 邓小平：《邓小平文选》（第一卷），人民出版社1994年版，第200页。
[3] 邓小平：《邓小平文选》（第一卷），人民出版社1994年版，第355页。

二、孙武对将帅战略思维能力的要求

孙武对将帅战略思维能力又有什么要求呢？概括起来，就是见胜、战胜、善战、知兵四个关键词。

所谓"见胜"，就是将帅要能够预见战争胜负所需要的条件和战争胜负的规律。"见胜"是将帅必须具备的重要战略思维能力，因为没有这种战略预见思维能力，将帅就难以指导战争，而且战略预见思维能力本身就是战略思维能力的重要方面。毛泽东曾指出："没有预见就没有领导，没有领导就没有胜利。因此，可以说没有预见就没有一切。"[①] 毛泽东的论述充分说明了将帅具有超常的战略预见思维能力的极端重要性。孙武说：

> 见胜不过众人之所知，非善之善者也；战胜而天下曰善，非善之善者也。故举秋毫不为多力，见日月不为明目，闻雷霆不为聪耳。[②]

孙武认为，能够预见常人之所见的战争条件所蕴含的胜败之机，能够预见常人所能想到的制胜之策，并不能说明将帅有超常智慧，也不能达到"善之善者"境。孙武要求将帅要独具慧眼，具备常人不具备的战略思维能力。有这种能力的将帅，能够看出战争客观条件中别人看不出来的利害和趋势，制定出常人察觉不出来的"胜于易胜""胜已败之敌"的战略，这是孙武对将帅在战略思维能力上的第一个要求，即"见胜"。

所谓"战胜"，即将帅在预见战争胜负规律的基础上，要能够创造性地发挥主观能动性，以积极的战略思维谋划制胜之道，拿出制胜之策。既然孙武认为"争胜"是将帅战略思维的重要本质，而且是将帅战略思维功能能

---

① 毛泽东：《毛泽东选集》（第三卷），人民出版社 1991 年版，第 396 页。
② 吴九龙：《孙子校释》，军事科学出版社 1991 年版，第 57—58 页。

够实现的最终体现。因此，孙武非常重视"战胜"这一战略思维问题，认为"战胜"是实现"争胜"的重要手段和途径，将帅必须具有较高的谋划"战胜"的战略思维能力。孙武说：

> 先为不可胜，以待敌之可胜，不可胜在己，可胜在敌，故善战者，能为不可胜，不能使敌之可胜。故曰：胜可知，而不可为。①

"战胜"有四个方面的内涵：

> 一是"战胜"包括我不被敌人战胜和自己能够战胜敌人两个方面。二是我不被敌人战胜的条件在于我方没有破绽，而我方战胜敌人，不完全取决于自己，还要看敌方是否出现破绽。三是善战者能够做到我方不被敌人战胜，但不一定能够使敌人一定被我战胜。四是战胜的问题是可以根据敌我条件而预见的，但却不能脱离客观条件而强求。②

孙武对战胜能力的要求，提出了四个方面的问题。是否具备打胜仗的实力？是否出现并把握了打胜仗的时机？是否具备打胜仗的可能性？是否考虑到客观影响因素？概言之，就是实力、时机、可能性和受客观条件影响等因素。领导者在实践中解决一般性问题，条件具备不具备、时机成熟不成熟、成功的可能性有多大、解决问题的客观条件是否具备等，都可以借鉴孙武的智慧来思考。战胜能力实际上就是对这几个问题的把握能力。

所谓"善战"，孙武认为包括两个方面的意义。一是理想境界的"善战"，即"不战而屈人之兵"；一是现实境界之"善战"，即"合于利而动，

---

① 吴九龙：《孙子校释》，军事科学出版社 1991 年版，第 53—54 页。
② 杨新、孙福同、杨斐、杜超：《孙子兵法战略思维》，白山出版社 2010 年版，第 30—31 页。

不合于利而止"。孙武十分强调"善"。"善"字在《孙子兵法》中共出现了33次，其中《作战篇》3次，《谋攻篇》5次，《形篇》13次，《势篇》5次，《虚实篇》3次，《军争篇》1次，《九地篇》3次，可见孙武对将帅实施正确指挥何等关切。"善"的标准和要求，并没有一个具体的指标来衡量，在当时的语言环境下，也不可能提出一个具体的标准和要求。今天看来，当时讲的"善"就是最高的标准和要求。孙武提出"善战"的能力要求，从本义的角度来看，除了要懂得"战胜"的内涵之外，还要有三个方面的能力。譬如：善于谋划和创造，以形成"先为不可胜"的条件。善于耐心等待时机，更要善于抓住战机，"不失敌之败也"，这也是战略洞察力、战略判断力和战略预见力。善于运用"攻守"，既要懂得"守则不足，攻则有余"的一般原则，又要懂得"藏于九地之下，动于九天之上"的攻守之道。孙武用"善"字对将帅的战略思维能力提出要求，一方面体现了孙武对将帅指挥正确之关切，另一方面也体现了孙武对将帅战略思维能力的要求之高。

所谓"知兵"，并不是纯粹指懂得士兵。"知兵"的"兵"，一方面是指士兵，另一方面是指军事、战争。因此，理解"知兵"问题，也要从这两个方面来理解。如何知兵？管子认为，明君选拔贤者，对于号称有勇的人，用当兵做测验；对于号称有智的人，用当官做测验。在军队里测验有功的就提拔他，在官府里测验干得好的就任用他。所以，用战功的事实鉴定勇怯，用官职的治绩鉴定愚智，这样，勇怯愚智的表现，就黑白分明了。"知兵"，另一方面是指知战争、军事。孙武曰："夫将者，国之辅也，辅周则国必强，辅隙则国必弱。"在战争中，战略决心和作战计划确定之后，选用合适的将领去执行，就成为能够克敌制胜的决定性因素。如果没有懂得军事的良将，国难思谁呢？

孙武对战略思维能力提出的见胜、战胜、善战、知兵要求，见胜能力是前提，战胜能力是关键，知兵能力是基础，善战能力是目标。对领导者来说，研究和探讨战略思维的目的又是什么呢？归根结底还在于提高战略思维能力。如何将《孙子兵法》对将帅的战略思维能力提出的要求，理解运用到领导者的战略思维中去呢？

三、领导者战略思维能力的影响因素

影响领导者战略思维能力的因素有哪些呢？

第一，政治意识。孙武提出的"利合于主""唯民是保"，就是当时最基本的要求，用今天的话语体系来看，就是政治意识。政治意识主要是指政治思想、政治观点，以及对于政治现象的态度和评价。要求领导者增强政治意识，就是要求领导者在瞬息万变、错综复杂的形势下，保持清醒的政治头脑，具有正确的政治思想、坚定的政治立场、敏锐的政治观察力和鉴别力。

第二，理论修养。理论修养是指一个人修为后呈现的表象，或品德高尚，或学识深广，或言语合规、行为得体。马克思主义理论修养是领导者通过学习、研究马克思主义，所展现出来的理论水平、分析能力和品行风貌。在理论运用上，善于运用马克思主义的基本原理和科学方法，分析、认识当代中国面临的各种现实问题，分析、辨识当前思想舆论领域中的各种观点。这包括从整体上把握中国革命、建设和改革的历史进程，正确认识这一进程的内在逻辑。坚持马克思主义辩证法，坚持马克思主义的群众观点，坚持"两点论"，分析问题一分为二，既看到有利一面，又看到不利一面。坚持问题导向，具有发现问题的敏锐、正视问题的清醒、解决问题的自觉。坚持运用马克思主义的立场观点和方法，分析当前在思想舆论领域出现的各种观点，透过"信息迷雾"把握其本质。

第三，能力素质。孙武提出"见胜""战胜""善战""知兵"就是能力上的要求。当然这里孙武是对战将提出的要求，对领导者而言，则可以参照思考。对战略思维的影响主要表现在能扛和能忍。能扛就是把群众的问题扛在肩上。群众从来就把政府作为解决问题的"靠山"，从某种意义上说，领导者就是为破解难题、化解急难险重任务而存在的。所以作为领导者既要敢于直面问题，又要善于解决问题，遇到问题就要担责和负责，同时出了问题还要及时追责、问责，决不允许推诿和逃避责任。能忍就是要有足够的定力。领导者时时刻刻面临着诸如权力、金钱、美色等诱惑，这些利益诱惑时刻考验着新时期领导者的先进性。怎样面对这些诱惑呢，一个字"忍"，忍是一种修养，忍是一种境界。能忍就要正己。树得起正气，政者正也，就是树正气、怀正念、行正事。坚定理想信念，不断锤炼自己的党性，要行正事。能忍就要修身。正确对待名与利，得与失，牢固树立宗旨意识，不争名于朝，不逐利于市，在利益诱惑面前能遏制住私欲。能忍就要淡利。要经得住诱惑，耐得住寂寞，守得住清贫，在各种诱惑面前一定要做到不乱方寸，严谨操守，洁身自好，保持自己清正廉洁的形象。

第四，宽容精神。正如孙武所言，"故善战者，求之于势，不责于人，故能择人而任势"①。其中的"责"，即责任、苛求之意。"任势"，有营造和利用态势之意。全句意思是说，善于指挥打仗的人，总是依靠有利的态势，而不苛求部属，所以总是能够选择适当的将领去创造有利态势。对部属不苛求，尽力创造有利之势，在有利之势下寻求解决问题的方法与途径。孙武强调的"不责于人"，也是讲包容精神，有爱才容人的优秀品质。

四、领导者战略思维能力的基本架构

战略态势判断能力是战略思维能力的基础，主要解决"怎么看"的问题。"形势决定任务"，有什么样的形势就有什么样的任务，认清形势是作出正确决策的前提，也是掌握规律、赢得胜利的条件。在纷繁复杂的局势面前，从千头万绪、杂乱无章的信息中找到有效信息并对战略态势作出准确判断是异常困难的，但准确的战略判断又是一切战略实施的必备前提。战略态势判断是否准确关系后续一系列重大的、方向性的战略抉择与战略

---

① 吴九龙:《孙子校释》,军事科学出版社 1991 年版,第 79 页。

布局能否实现。所以战略态势判断能力属于基础性、支撑性、前提性的战略思维能力。

战略目标决策能力是战略思维能力的核心，主要解决"做什么"的问题。作出准确的战略态势判断之后，就必须在众多可能的战略方向中作出正确的选择，确定正确的战略目标，以避免出现"南辕北辙"的谬误。战略目标不同于一般性的、短期的目标，而是战略期内具有根本性、长期性、稳定性的总任务，决定着战略重点的选择、战略阶段的划分和战略对策的制定，直接关系战略主体核心战略利益的实现。

战略布局构建能力是战略思维能力的关键，主要解决"怎么做"的问题。构建战略布局，主要是为实现战略目标而划分战略阶段、制定战略对策、选择战略重点、规划实施路径并加以实现。有效的战略布局构建是实现战略目标的现实保障，使战略目标具有实现的可能，而不是空中楼阁、纸上谈兵。

保持战略定力是实现战略目标的保障，主要解决"坚持住"的问题。战略定力，对一个国家、民族、政党来说，主要指在事关根本、全局和长远的态势判断、目标确定及布局构建等战略问题上，能够排除各种干扰，保持冷静的头脑，科学地认识抉择和坚定地执行实施的能力、信念和心态，防止出现因为意志不坚定或者受外部因素干扰而半途而废的情况，朝令夕改、朝三暮四是不可能实现战略目标的。

五、领导者战略思维能力的提升途径

提高领导者的战略思维能力，就要以正在做的事情为中心，着眼现实、未来和世界发展的潮流，放眼世界，开展战略研究。张建设将军对《孙子兵法》中蕴含的丰富的为将之道悟得较深较透，他提出《孙子兵法》为将之道的精华。① 如："将者，智信仁勇严也"——为将者必须具备全面过硬的素质；"将有五危，不可不察也"——为将者必须具备健全、理智的性格；"凡用兵之法，君命有所不受"——为将者必须具备勇于担当的精神；"知彼知己，胜乃不殆；知天知地，胜乃可全"——为将者必须具备洞察全局的能力；"令之以文，齐之以武"——为将者必须具备文武相兼的治军理念。这五个方面的精神，虽然讲的是为将之道，但对认识领导者战略思维能力的提升，很有借鉴的意义。

（一）"智信仁勇严"：锻造过硬素质

《孙子兵法》开篇就明确列出了决定战争胜负的"道""天""地""将""法"五大要素，并突出强调"凡此五者，将莫不闻，知之者胜，不知者不胜"；接着，又把"将孰有能"列为评估战前态势、预测孰胜孰负的"七计"之一。"五事""七计"是关系生死存亡的"国之大事"，属于战略层次。这就是说孙武要求为将者首先必须具有战略素养，不仅要懂得军事，还要懂政治、经济、天文、地理等，必须具有战略眼光，善于从战略上观察、分析、决策问题。运用这个理论体系培养优秀将领，就要把握这个理论体系的整体性、开放性和实践性。整体性表现在五德皆备，不可偏一；开放性表现在与时俱进，开拓创新；实践性表现在知行合一，勇于实践。以理论为指导，付诸实践，是优秀领导者的成长规律，坚持把功夫下在行上，坚持理论与实践的统一、知与行的结合，才能锻造出真正的五德俱备的"能将"。

于领导者而言，如何锻造过硬素质呢？就是要做到加强理论学习、崇尚实践，善于走群众路线。

关于学习理论。恩格斯指出："一个民族要想登上科学的高峰，一刻也不能没有理论思维。"② 而提高理论思维的有效办法就是学习理论。要系统学习马列主义、毛泽东思想、中国特色社会主义理论体系，特别是学习习

---

① 张建设：《读〈孙子兵法〉悟为将之道》，《孙子研究》，2017 年第 5 期。
② 马克思、恩格斯：《马克思恩格斯选集》（第四卷），人民出版社 1991 年版，第 285 页。

近平新时代中国特色社会主义思想。同时，要研究人类思想发展史，借鉴、吸收人类政治文明的成果，揭示人类社会发展的基本规律。领导者要具有战略思维，就不能不掌握唯物辩证法。学好唯物辩证法，才能在大是大非面前有主心骨，才能透过现象看本质，才能在千头万绪中抓住主要矛盾，才能不纠缠于一时一地的得失，胸怀博大，登高望远，从容应对重大问题，牢牢掌握领导工作的主动权。战略学家约翰·柯林斯指出：

> 如果说在某个领域通才比专才更为可取，那么这个领域就是战略。科学家是沿着相当狭窄的途径探索知识领域的，而战略家则不然，他们需要有尽可能广泛的基础知识。[①]

因此，领导者构筑科学合理的知识结构是非常重要的。领导者要善于让"不同专业的人坐在同一张餐桌上共餐"。同一个专业的人坐在同一张餐桌上共餐构成的是知识的平面结构；而不同专业的人坐在同一张餐桌上共餐，构成的是知识的立体结构。领导者必须以高度的历史责任感和时代紧迫感，抓紧学习新知识，要把当代各个领域的新知识作为学习的重点内容，学经济、学科技、学管理、学法律，学习一切需要学的东西，努力使自己成为某一方面的行家、专家。

关于崇尚实践。战略思维作为领导者的一种素质，它不可能在脱离实践的课堂上直接培养出来，而必须从实践中锻炼出来。因此，提高领导者的战略思维能力，最终还要靠崇尚实践，勇于实践，善于实践。实践过程是提高领导者战略思维能力的根本途径。古人说，纸上得来终觉浅，绝知此事要躬行。因此，领导者只有深入实践，只有把自己根植于人民大众中，在与人民大众一道前进中，才能感知、集中、升华人民大众的意愿，进而形成领导者的意志。实践是解决问题的根本方法，是提高人们战略思维能

---

① ［美］约翰·柯斯林：《大战略》，中国人民解放军战士出版社1978版，第412页。

力，是解决一切重大问题的可靠基础和根本途径。领导者阅历不够，经验不足，尤其应当注重实践、崇尚实践、勇于实践、善于实践，要在社会实践中一步步提高，扎扎实实增强战略思维能力。

关于群众路线。领导者要把群众的情绪作为战略决策的第一信号，把党的路线、方针、政策化为群众的自觉行动。要把群众利益作为战略决策的重要内容。要把为群众谋利益作为基本出发点和落脚点，把人民群众拥护不拥护、高兴不高兴、赞成不赞成、答应不答应作为最高准则。要把群众满意作为战略决策的最终目的。要把群众满意作为最高奖赏，切实维护和发展好人民群众的利益。思想之树植根于实践沃土，力量源泉来自于群众智慧。随着社会实践的发展变化，能够抓住事物本质，掌握事物的必然联系和客观规律，从感性认识上升为理性认识，是提高战略思维能力的必要途径。这就告诉我们，领导者要积极投身社会实践活动，注重向生动活泼的社会实践学习，向实践的主体人民群众学习。

（二）"力避五危"：培养理智性格

孙武总结概括了为将者性格上的五种致命缺陷：

> 故将有五危：必死，可杀也；必生，可虏也；忿速，可侮也；廉洁，可辱也；爱民，可烦也。凡此五者，将之过也，用兵之灾也。覆军杀将，必以五危，不可不察也。[①]

从个人角度讲，抱定必死之心可能被敌诱杀；贪生怕死可能被敌俘虏；急躁易怒可能遭敌愚弄；过分爱惜名声可能遭敌侮辱；溺爱民众可能错失战机。从战争全局的角度讲，为将者的性格缺陷决定了他们的指挥能力，直接关系着士卒的生死、战争的胜负。《孙子兵法》将"五危"归结为军队覆

---

① 吴九龙：《孙子校释》，军事科学出版社 1991 年版，第 140 页。

灭、战争失败的根源。孙武的告诫，穿越 2500 余年，至今仍能让人感受到一种振聋发聩的力量。古往今来，"因怒兴师，不亡者鲜""因忿而战，罕有不败"。读到此篇的曹操也告诫："不得以己之喜怒而用兵也。"为将者之所以有"五危"，是由于性格上的偏执所致。

孙武提出"五危"的同时，也从"静""幽""正""治"四个方面的药单用以加强性格修养，避免"五危"，孙武提出"将军之事，静以幽，正以治"①。"静"意为沉着冷静，"幽"意为深谋远虑，"正"意为公正无私，"治"意为井然有序。这些都是优秀将领必须具备的性格特征。为将者要在日常修炼中纠正偏执，实现理性、平衡。

对领导者战略思维来说，有什么启发呢？领导者要认识到，实现中华民族伟大复兴的历史重任落在当代共产党人身上，不能推卸，也无可推卸。这不是由谁主政决定的，也不是由什么其他因素决定的，而是由今天所处的时代条件决定的。

第一，培养使命意识。所谓使命意识，是一种深沉的历史责任感，是一种对国家对民族对人民高度负责、肩负重任的自觉。有了这种自觉，就不会盘算个人利益，也不会计较小团体利益和局部的得失，就能始终把民族大业放在心上，从而进入战略思维的一种境界。

第二，培养胆略魄力。领导者进行战略思考，作出大的战略决策，没有胆略、勇气不行。基辛格说过，伟大领导者和平凡领导者的区别不在于智力、知识，而在于胆略、魄力和远见卓识。这需要有巨大的内在力。2020 年初新冠肺炎疫情的应对过程中，决策一个人口上千万的城市封城就需要胆略魄力，没有胆略魄力，作不出这么大的决策。

第三，锻炼谋略能力。谋略即智慧，具体表现为预见、分析、判断、解决问题的能力和水平。谋略能力和水平的高低，决定战略思维的广度和深度。要学习我国历史上关于谋略的思想；要通过独立思考，开动脑筋，培

---

① 吴九龙：《孙子校释》，军事科学出版社 1991 年版，第 202 页。

养自己探讨问题的兴趣，并经常同人讨论、切磋；中青年领导者要对精选出的重大典型案例进行讨论、思考和谋划，案例分析得好，能有效地促进创造性思维及分析、解决问题能力的提高。

（三）"君命有所不受"：培养担当精神

《孙子兵法》中提出了"君命有所不受"的著名观点，明确反对于军不利的"中枢遥制"。这在当时"君权神授""君王圣明"被奉为信条的时代背景下，是需要非凡的政治勇气和担当精神的。"君命有所不受"这一命题，可以讲是寥寥数字、字字惊魂，其意义重大、内涵丰富。在《孙子兵法》其他篇章中，也围绕这一命题，作了多角度的精辟阐述，我们应该作为一个整体来理解和把握。对领导者而言，启发意义表现在以下四个方面。

第一，践行"君命有所不受"，要以"安国全军"为最高准则。孙武提出："非利不动，非得不用，非危不战""合于利而动，不合于利而止""此安国全军之道也"。是否有利于"安国全军"，是决定君命受与不受的最高准则。领导者的担当精神除了敢于担责，敢于负责之外，也不能盲从。从与不从，不要唯上，而要判断是不是有益于事业，用"安国全军"的最高标准来衡量。

第二，践行"君命有所不受"，要以能否夺取战争胜利为判断标准。是什么力量支撑着将领勇于冒险担当呢？"故战道必胜，主曰无战，必战可也；战道不胜，主曰必战，无战可也。故进不求名，退不避罪，唯人是保，而利合于主，国之宝也。"①《孙子兵法》对此给出了明确答案，展示了为将者为了胜利而勇于担当的内在根源。于领导者而言，一切为了事业，可以置自己的生死荣辱于不顾。为了民众、为了国家而敢于"君命有所不受"的政治品格，领导者当有此品格。

第三，践行"君命有所不受"，要以战场上的实际情况为依据。君王作

---

① 吴九龙：《孙子校释》，军事科学出版社1991年版，第180页。

为一国之主，有手持大印、号令一切的权力，但他们不可能对战场情况做到时时明、事事通，历史上因机械执行不符合战场情况的君命而导致失利的教训不胜枚举。领导者要敢于担当，但对具体的事项，还是要尊重一线工作人员的意见。领导者接受领导也好，领导部属也罢，一切从实际出发，才是科学和正确的。对此，孙武的告诫，如雷贯耳。

> 故君之所以患于三军者：不知军之不可以进而谓之进，不知军之不可以退而谓之退，是谓縻军。不知三军之事，而同三军之政者，则军士惑矣。不知三军之权，而同三军之任，则军士疑矣。三军既惑且疑，则诸侯之难至矣，是谓乱军引胜。[①]

他告诫那些君主，授权前方将领，减少战场干预，鲜明提出"将能而君不御者胜"的观点。这些观点，展现了敢于担当的政治品格和无私无畏的精神。

第四，践行"君命有所不受"，要以"有所受"为限制的。在将权君授的体制下，君命必须有所受。"将受命于君，合军聚众。"受命是原则，有所不受是一时之权变，是有严格的前提条件的，这就是一切以"利"为衡量标准，不符合国家利益、民众利益、战争利益的"君命"可以选择"不受"。于领导者而言，对于中央的决定坚决执行，中央的禁令，坚决杜绝，中央的倡导，坚决响应。这就是"有所受"，也恰恰体现了领导者为国、为民负责的担当精神。

（四）"先知尽知"：洞察全局的能力

《孙子兵法》关于为将者必须重视"知"的论述十分丰富而深刻，知是为将者、为领导者进行战略思维的前提和基础。没有"知"，凭什么进行战

---

① 吴九龙：《孙子校释》，军事科学出版社 1991 年版，第 44—46 页。

略思维呢？关于知的问题，前面已阐述得较多了，它是《孙子兵法》的重要思想，于领导者来说，提升战略思维能力，培养洞察全局的能力，需要做到"知"善变之基和"知"为将之要。孙武提出："故将通于九变之利者，知用兵矣"，强调兵无常势、水无常形，"能因故变化而取胜者，谓之神"。[①]他十分重视权变的思想，强调因敌而变、因地而变、因时而变、因势而变。所有这些"变"的基础条件是"知"，没有"知"就没有胜者之变。关于"知"是为将之要，孙武提出："故知兵者，动而不迷，举而不穷。"[②]在孙武看来，有能之将的制胜之道，首先体现在"知"的能力上，而且孙武对知的内容、要求和途径均有明确要求。

对领导者来说，知就是要知信息。信息是最重要的战略资源，它可以被提炼成知识和智慧，因此在战略问题的研究中就越来越具有突出作用。一个领导者了解、掌握的信息量越大，知识面就越广，思辨鉴别能力就越强，工作起来就越得心应手，应付自如，进而也能真正做到讲政治、谋大局、抓大事。

领导者如何实现"知"呢？

第一，调查研究。"没有调查，就没有发言权"。[③]调查研究是领导工作的首要任务，是掌握工作主动权、提高战略思维能力的基础，是进行科学决策、实现正确领导的前提。一个高明的领导者，一定是重视调查研究、善于调查研究的领导者。形势在变、环境在变、任务在变，各种新情况、新问题、新矛盾层出不穷，只有经常深入实际、深入基层、深入群众，多层次、多方位、多渠道地调查研究，才能把情况全面真实地了解清楚，对问题的本质和规律把握准确，把解决问题的思路和对策研究透彻。这既是解决问题、做好工作的客观需要，也是转变作风、提高战略思维能力的必然要求。调查研究是战略决策的基本条件。搞好调查研究，目的要明确，即

---

① 吴九龙：《孙子校释》，军事科学出版社 1991 年版，第 103 页。

② 吴九龙：《孙子校释》，军事科学出版社 1991 年版，第 183 页。

③ 毛泽东：《毛泽东选集》（第一卷），人民出版社 1991 年版，第 109 页。

了解情况，寻求办法，解决问题，指导工作，不能只听喜，不听忧，不能"隔着车窗看一看，围着村子转一转"，而要真正蹲下来、沉下去，与群众同吃同住同劳动，与群众打成一片。

第二，博览群书。"胸藏文墨虚若谷，腹有诗书气自华"。渊博的知识功底是提高战略思维能力的基本要素，是决定领导者思想深度和理论水平的重要条件。领导者无论多忙也要养成读书的习惯，爱读书、读好书、善读书，把学习当成一种生活态度、一种工作责任、一种精神追求。通过博览群书汲取智慧和营养，把学习理论、学习历史、学习现代科学知识等，转化为谋划科学发展的新思路、新举措、新能力。

第三，学习借鉴。"它山之石，可以攻玉。"战略思维要有开阔的眼界和胸怀。领导者要善于学习先进经验，借鉴人类文明成果。但这种学习借鉴要与思考创新结合起来，取他人之长，补自己之短。不能"言必称希腊""生吞活剥地谈外国"，而要采取实事求是、有的放矢的科学态度，把别人的做法和经验经过反复比较研究，创造性地应用于自身实践，形成自己的东西。

作为一名领导者，在领导一个地区、一个部门的工作中，一定要善于从战略全局的高度来思考、把握和解决问题，决不能成为一个单纯的事务主义者。工作中的失误谁也无法完全避免，但一定要避免战略决策的失误。因为，战略失误的代价是巨大的、难以挽回的，影响是全局性、长远性的。要避免战略失误，就要有正确的战略决策思想和战略决策能力。战略思维能力是领导者传承《孙子兵法》战略思维观遗产中最现实、最直接、最有益的内容。孙武对将帅提出"见胜""战胜""善战""知兵"等能力上的要求，说到底就是将帅要能预知胜利，为了达成战胜的目标，还要善战和知兵。

第七章 《孙子兵法》与领导者战略思维境界

从整体上理解和把握《孙武兵法》的战略思想理论体系是传承《孙子兵法》的基本方法，也是深化《孙子兵法》研究的基本方法。综观《孙子兵法》十三篇可以发现，孙武的战略思想背后隐藏着缜密的战略思维，这些战略思想充分展示了《孙子兵法》慎战、知战、控战、胜战和不战等战略思维境界观。人们时常叹息战略思维主体因思维层次不高，导致思维决策的缺陷、失误或失败，殊不知，孙武的五重战略思维境界观为人们提升思维层次提供了绝佳范本。

一、慎战境界观：死生之地、存亡之道

所谓慎战，就是要慎重地对待战争。孙武指出：

> 兵者，国之大事也，死生之地，存亡之道，不可不察也。[①]
> 主不可怒而兴师，将不可愠而致战。[②]
> 亡国不可以复存，死者不可以复生，故明君慎之。[③]

这两段话把《孙子兵法》的慎战境界观表达得淋漓尽致。这两段话包含几个方面的意蕴：

---

① 吴九龙：《孙子校释》，军事科学出版社 1991 年版，第 2 页。
② 同上。
③ 同上。

"兵者"在全书的位置来看，开篇就言"兵者"，本身就说明了问题之重要，需要慎重对待。也许有人认为《孙子兵法》本来就是谈军事、战争问题，开篇言兵也并无特别之处，但孙武的特别之处就在于言"兵者"后，紧接着言"不得不察"，这里面包含着慎重对待的意蕴。

从"兵者"的性质来看，它是"国之大事"，不能不慎重对待。古人讲："国之大事，在祀与戎。"[①] 可见，战争作为国家大事，在春秋战国时期就已经被人们高度重视。大事之大，到底大到什么程度？大到事关人民生死，事关国家存亡。不重视战争，就是不重视人民的生死和国家的存亡。

从"兵者"可能造成的后果来看，战争可能导致人的死亡，可能导致国家的灭亡，而且都是不可逆转的后果，必须慎重对待。

从将帅对待"兵者"的态度来看，必须认识到"不可不察""慎之又慎"。因为"兵者"是大事，亡国或亡人，都是不可逆转的，所以慎重对待是必须的。慎战战略思维境界观的意境涵盖慎重备战、慎重谋攻、慎重决策等内容。

（一）备战：无恃不攻、恃有以待

慎战的重要基础是备战。备战强调造就实力。孙武强调："无恃其不来，恃吾有以待也；无恃其不攻，恃吾有所不可攻也。"[②] 意为不要侥幸于敌之不来，而要倚仗有充分的准备；不可侥幸敌之不攻，而要依赖具备敌无从进攻且不敢进攻的实力。造就实力是备战的重要事项，也是备战的根本任务。然而，是不是具备了实力就一定可以取胜呢？当然不是，孙武在备战问题上，还想到了待机。

关于待机，孙武认为，"先为不可胜，以待敌之可胜，不可胜在己，可胜在敌。"[③] 孙武告诫将帅，与敌开战要具备两个条件，一是形成不被敌战胜的条件，二是出现战胜敌人的机会。二者缺一不可。能否形成"不可胜"

---

① 左丘明：《左传》，郭丹译注，中华书局 2016 年 3 版，第 466 页。
② 吴九龙：《孙子校释》，军事科学出版社 1991 年版，第 141 页。
③ 吴九龙：《孙子校释》，军事科学出版社 1991 年版，第 53 页。

的实力，主动权在己，而能否出现胜敌的机会，则要看敌人是否出现失误或漏洞。"以待敌之可胜"的"待"字，除了等待的意思之外，还有期待的意思。如何解释"期待"？因为已经具备了胜敌的实力，当然就会期待胜敌的机会。又因为机会能否出现的控制权不在自己，而在敌人，所以自己只能期待。只有精心备战，形成"不可胜"实力，才有可能抓住敌人可能出现的失误或漏洞，进而果断出击，一举战胜敌人。如果实力未能形成，即使机会来临，也不可能抓住。孙武用简洁明了的语言把备战的注意事项交代得清清楚楚，同时也体现了其战略思维的精细与全面。

于领导者化解一般性矛盾而言，道理亦然，先形成化解矛盾主动态势，造就解决问题的形势，这个态势或形势，要么是向有利于解决问题的方向发展，要么是掌握优于对手的资源或信息，可以有效掌控事物发展的方向。一旦时机成熟，问题的解决就水到渠成。如果时机不成熟，且实力没有形成时贸然行事，则可能事倍功半，甚至导致失败。

（二）谋攻："五事七计"、而索其情

慎战的重要表现是谋攻。孙武所处的时代是中国战略思维发展的繁荣鼎盛时期。孙武将"谋攻"单列一篇详细阐述，足见其重视程度。在其他各篇中，谋略思想屡见不鲜，甚至可以认为谋略贯穿《孙子兵法》始终。

谋什么？谋"五事七计"。"五事七计"是谋的过程中需要考察和对比的因素。"道""天""地""将""法"五个方面清晰了，战略筹划也就有了。而"七计"只不过是"五事"的略微展开，稍加比较而已。至于庙算，则是在情况明确之后，从整体上进行框算，进而得出胜算大小的判断。所谓谋攻，就是这个意思。孙武在《谋攻篇》中提出了"诡道"这个重要概念，这是孙武的首创。孙武指出：

> 兵者，诡道也。故能而示之不能，用而示之不用，近而示之远，远而示之近，利而诱之，乱而取之，实而备之，强而避之，

怒而挠之，卑而骄之，逸而劳之，亲而离之。攻其无备，出其不意，此兵家之胜，不可先传也。[①]

孙武创造"诡道"一词，创新不在于"诡"，而在于将"诡"与"道"结合起来。诡的本意含有欺诈，奸滑之意，通俗点讲，就是把不真实的或不实际的某种事物作为真实或实际的事物提出或提供，对事物发展作模棱两可或似是而非的推理。孙武列出的 12 招诡道，招招制敌。尽管"诡"在"三十六计"和《战争论》中均有论述，但是将"诡"与"道"结合论述，却始于孙武，也是孙武独创。不过人们可能还有一个疑问，那就是：明明就是欺骗、诡诈、阴谋，与道有何相关？

其实不然。通读《孙子兵法》可以发现，孙武讲的诡道是受德制约的。为什么这么讲呢？

从诡道使用的目的看，诡道用于"国之大事""唯民是保""修道保法"等，这些问题的层次决定了孙武运用诡道的目的是"高大上"的，这是任何阴谋、诡诈或诡计所不能比拟的。诡道使用的目的具有较强的道德属性和严格的道德规范。

从诡道使用的原则看，孙武提出"合于利而动，不合于利而止"[②]。这个利，不是个人升官发财或荣辱得失，而是天下利或万世名，这种利是大利而非小利、公利而非私利、他利而非己利。可见，"合利而动"的利是受道德制约的。

从诡道使用的方法看，孙武认为"不战而屈人之兵"才是"善之善者"，而且孙武强调"必以全争于天下"。由此可见，在诡道使用方法上，孙武并不刻意强调攻城伐兵，而认为攻城伐兵是不得已而为之的事。

从诡道使用主体的修养看，孙武对将帅提出"进不求名，退不避罪"修

---

① 吴九龙：《孙子校释》，军事科学出版社 1991 年版，第 12—13 页。

② 吴九龙：《孙子校释》，军事科学出版社 1991 年版，第 231 页。

养要求，要求将帅既要有明确的人生追求，又要有强烈的责任担当，这八个字已经固化为成语，流传至今，仍有强烈的现实意义。

以上四点说明孙武强调的诡道是受德制约的，当然与道相关。也正因如此，孙武创造诡道一词，其立意和价值远甚于诡诈、诡计。

当然，谋也有局限性。谋略在东方战略思维文化中占据十分重要的或绝对的优势地位。据统计，谋略类的兵书占中国兵书的80%，而技术类和其他类型兵书仅占20%。西方则与之相反。这样的特点，优势与弊端极为明显。优势在于谋略上的成功，往往可以达到事半功倍的效果，因而也倍受世人追捧。弊端在于忽视了基础性研究，因而难以产生飞跃式或突破性的发展，谋略型思维仅满足于即时性成功的特点，从长远来看弊大于利。中国人以谋略思维见长的特点，在人类科技发展缓慢的古代，劣势还不明显，但到了人类科技发展迅猛的近现代和当代，弊端就显现出来了，这也成为中国近代以来落后于世界科技发展的重要原因之一。

（三）决策：非利不动、非危不战

慎战的根本在于决策，因为慎战的基础也好，表现也罢，最终都要靠决策来决定慎战的意义和价值。如果决策适宜，慎重备战与慎重谋攻皆有价值；相反，如果决策不适宜，慎重备战和慎重谋攻皆是枉费心机。孙武战略思维的慎战境界体现在决策上，就是要慎重决策。可以说，《孙子兵法》中丰富的决策思想，从头至尾都贯穿了慎战这根红线。

决策的原则是"非利不动，非危不战"。决策的依据是"多算胜，少算不胜"。决策的方法是"校之以计，而索其情"。这些内容在其他问题中都有所涉及，唯独决策必须因敌而变这一点需要重点理解。孙武说："水因地而制流，兵因敌而制胜。故兵无成势，无恒形。能因敌变化而取胜者，谓之神。"[①]《虚实篇》为十三篇之核心，因此，因敌而致胜谓之神，这是兵法

---

① 吴九龙：《孙子校释》，军事科学出版社1991年版，第103页。

十三篇点睛之处。

慎重决策给人以深刻的启示。如：提升战略思维之境界，让决策突破藩篱，像圣人一样思考问题，提升境界。老子认为"上善若水，水利万物而不争，处众人之所恶，故几于道"，孔子认为"知者乐水，仁者乐山；知者动，仁者静；知者乐，仁者寿"，孙武是兵圣，兵圣看到水则认为"水因地而制行，兵因敌而制胜"。圣人之境界，是天地境界，高山仰止，景行行止。又如：把握因敌制胜之神韵，让决策符合实际。马克思主义强调，具体问题具体分析，这是对因敌制胜的最佳注脚。有人正用《孙子兵法》，有人反用《孙子兵法》，有人正反结合用，到底怎么样好？没人能说清，倒是有个具体原则，那就是马克思主义的精髓：具体问题具体分析。再如：包容部属之不足，让决策充满人性。胜与败是对矛盾，相辅相成，成败乃兵家常事，智者千虑，必有一失。当然，重要的是如何看待成败，如何看待优缺点问题。

二、知战境界观：九地之道、人情之理

有一次上课的时候，讲到知战境界，我和学员有这样的互动：

学员："老师，有一次我们出警时，就运用了您讲的知战境界知识点。"

我："那说来听听。"

学员："那天，我们接到一个报警，说某酒店有人吸毒。于是，我们出警。到达酒店后不是直接到吸毒人员所在的房间，而是先调取监控。通过监控了解到这些情况：房间里共两男一女，没有携带武器等危险器物。这些情况了解清楚后，我们就设计了抓捕的方案，顺利地完成了抓捕行动。"

我："是的，还真有点这个意思，先了解情况，做到心里有

数，根据情况制定行动方案。"

学员："是呀，如果不是调取监控，我们就不知道房间里面有几个人，也不知道他们有没有带武器，如果贸然行动，行动就没有把握，如果情况了解了，实现了知，行动就有的放矢了。"

我："是的，你们把握了对手的人员、武器、具体位置等关键信息，为行动方案的制定提供了有力的依据。有时候，我们确实在工作生活中解决了孙武所讲的知战问题，只是没有像我这样将孙武的战略思维归结为知战境界。孙武的慎战、知战、控战、胜战和不战这五重战略思维境界，对化解一般性矛盾，都有普遍性意义。"

所谓知战，说到底就是要去了解情况。了解什么情况呢？孙武说：

> 故知胜有五：知可以战与不可以战者胜，识众寡之用者胜，上下同欲者胜，以虞待不虞者胜，将能而君不御者胜。此五者，知胜之道也。①

胜利可以预知。"知胜有五"就是预知的规律，这也是孙武战略思维知战境界观的重要内容。

孙武对知的思考，有一个完整的思想体系。比如，有人认为，孙武论知，"具有前瞻性、连续性、全面性、深刻性、科学性、艺术性、哲理性等思想特质"，还有人认为，孙武论知，主要包括重知、先知、全知、真知、深知几个方面的内容。

借鉴孙武战略思维知战境界观，有利于人们在经济全球化、政治多极化、信息网络化、文化多元化的时代化解日趋复杂、日趋多变和日趋多样

---

① 吴九龙：《孙子校释》，军事科学出版社1991年版，第47页。

的矛盾。孙武战略思维知战境界包括知的途径、知的要求、知的方法三个方面的内涵。

（一）途径：不象于事、必取于人

孙武认为，"先知者，不可取于鬼神，不可象于事，不可验于度，必取于人，知敌之情者也"。[①]孙武能够在2500多年以前就提出这样具有朴素唯物主义思想的观点，既表现了孙武的远见卓识，也表现了孙武对客观规律的敬畏。在举世皆看重或热衷于"取于鬼神""象于事""验于度"的大环境里，孙武鲜明地提出相反的观点，其勇气与胆识，也足以令人惊叹。况且，即便是今天，依靠跪拜鬼神和天地来决策的现象仍然屡见不鲜，确实令人扼腕。当然，这也说明，在战略思维境界上超越孙武是非常困难的。

于领导者而言，必须认识到，时代发展到今天，人们认识世界的观念、方法和工具都发生了翻天覆地的变化，对于战争或一般性对抗各方面情况的了解、分析和判断，既有机遇，也有挑战。机遇表现在随着技术的发展，对方方面面情况的了解，透明度要求越来越高，近乎无密可保，为决策提供了坚实的信息基础。挑战则表现在下列三方面：

一是你了解对手的同时，对手也在充分地了解你。这对保密工作提出了越来越高的要求。

二是在信息大量充斥的条件下，信息迷雾效应越来越大，进而给如何辨析、筛选、研究和分析信息，带来了巨大的困难。

三是大量的信息催生大数据产业的发展，但与大数据产业相关的研究和运用却远远滞后于时代的发展，大数据在安全领域和军事领域的应用，需要高度重视和警觉。

---

① 吴九龙：《孙子校释》，军事科学出版社1991年版，第238页。

（二）要求：敌我情势、先知尽知

孙武认为："不尽知用兵之害者，不尽知用兵之利。"[①] 尽知是从空间的维度对"知"提出的要求。所谓尽知，就是尽可能将事物所涉及的方方面面都了解清楚，只有这样，在面临意外情况的发生时才不至于不知所措。尽知的"尽"字，除了在空间上穷尽之外，还有尽量的意思，因为穷尽只是一个理想状态，想要达到是不太可能的，所以只能是尽量做到。为什么要尽知呢？尽知才能避免谋划和决策结果的偏颇，如果不能做到尽知，那么得出的结论就不能最大限度地接近客观实际。真正符合客观实际的结论，是建立在最大限度地占据信息和情报基础之上的。

孙武认为，"故明君贤将，所以动而胜人，成功出于众者，先知也"[②]。先知是从时间的维度对"知"提出的要求。尽量做到先知和预知。为什么要先知？先知才能早谋划，先知才能不至于被动，先知才能占据先机，先知才能为自己留下充分的余地，以应对可能的变化。孙武提出先知概念，这是相当不容易的，因为 2500 多年前与今天的现实相比，社会发生了深刻的变化，孙武似乎预见了社会的高度发展，情势的高速变化，而要应对这些变化，就必须要有较强的预知能力。

当然，孙武从时间和空间两个维度分别提出先知和尽知的概念，究竟先到什么程度？尽到什么范围？这都没有一个统一的标准。只能遵循孙武的观点，尽量做到先知和尽知。值得庆幸的是，大数据技术的迅猛发展，为先知和尽知提供了技术支撑。可以相信，在大数据技术和理念的支撑下，先知和尽知将会最大可能地接近客观现实。

（三）方法："五事七计"、庙算多胜

孙武不仅重视知战，而且对如何知也提出了独到的见解。在孙武的战

[①] 吴九龙：《孙子校释》，军事科学出版社 1991 年版，第 23 页。

[②] 吴九龙：《孙子校释》，军事科学出版社 1991 年版，第 237 页。

略思维进程中，提出了"必取于人"的基本前提，还提出"五事""七计""庙算"的基本方法。另外，其他各篇中，也时常出现对知的方法的论述。比如：利用间谍探知敌情，通过小规模作战手段侦察判断敌情，相敌三十二法等。归纳起来，孙武提出"五事""七计"和"庙算"，这既是知的内容，更是知的方法。对抗中预测或判断胜负，"五事""七计"是需要分析的主要要素。

"五事""七计"是孙武判断胜负需要把握的情况。这五个方面的情况清楚了，七个方面的比较占优势了，胜算也就大了，多大程度上清楚情况，多大程度上占据优势，进而能在多大程度上获得胜算。《孙子兵法》里所说：

> 故用兵之法：十则围之，五则攻之，倍则战之，敌则能分之，少则能守之，不若则能避之。故小敌之坚，大敌之擒也。①

概括起来说就是：集中优势兵力，各个击破。

"五事七计"从形式上看表达的是不同的信息，但是从内容上看表达的则是相同的内容。比如，"七计"中的前三项，分别可以与"五事"中"道天地将"相对应，"七计"中的后四项，则可全部归于"五事"中的"法"。可见，"七计"是"五事"的略微展开，甚至可以认为，"五事"是比较的事项，"七计"是比较结果，是对情况作比较分析。而庙算，则是在要素分析和比较分析的基础上作整体上的框算，得出对胜算的预测和判断。作为战略筹划来讲，"五事""七计"清楚了，战略筹划也就基本成形了。

今天看来，战争或对抗主体在增强实力的着力点方面，并没有超越"五事""七计"，只是在"五事""七计"的内容具体化过程中，结合实际产生的具体化标准不同而已。比较分析战争或其他对抗双方的战略要素，以明

---

① 吴九龙：《孙子校释》，军事科学出版社1991年版，第42—43页。

了劣势与优势，主动与被动，进而通过判断胜算多少来预测胜负，孙武讲的"五事""七计"为比较分析提供了基本的范本。

知战战略思维境界观的主要内容不仅包括知战的重要性，而且有知战的内容、方法和要求。同时，这一战略思维境界观也说明战争指导与战略思维，不是一厢情愿的主观臆测，而是依据全面准确的情报和信息作出的结论，这些情报和信息是战略思维的加工材料和决策依据。总的来说，寻求"胜"的方法，必须以"先知"为前提，以"全知""真知""深知"为保证，以"必取于人"为手段。知战的战略思维境界观，为人们适应新时代，破解新难题，解决新问题提供了战略思维范本。

三、控战境界观：因情措法、不致于人

《孙子兵法》提出的"致人而不致于人""形人而我无形"，这是在战略指导上提出的两种截然相反的战略思维境界。在战略指导上，其实也是有战略思维境界的，这就是孙武提出的"致人而不致于人""形人而我无形"的战略思维指导观所规定的战略指导方面的最高境界。孙武提出"故善战者，致人而不致于人"的命题，不仅是本篇的灵魂，而且贯穿于全书之中，其核心与实质是强调将帅的战略思维和建立在战略思维基础上的战略指导，必须以夺取和掌握战争主动权为根本目的。"致人而不致于人"，不仅在实践层面上具有真理性意义和价值，而且还可以上升到战略思维实践层面，以战略思维指导观念的形态规范和引导将帅的战略思维。孙武提出的"形人而我无形"的办法，则是将帅战略思维达到"致人而不致于人"目的的重要途径。因为孙武认为：

> 故形人而我无形，则我专而敌分；我专为一，敌分为十，是以十攻其一也。则我众而敌寡，能以众击寡者，则吾之所与战者

约矣。^①

意思是说，尽量做到使敌人显露其部署，而我方则深藏不露，这样我方的兵力就可以集中，而敌方兵力则必须分散，我方则可以压倒性优势战胜居于少数的敌军。孙武还认为"胜可为也。敌虽众，可使无斗"^②，阐明了敌人虽然兵力众多，但我方将帅可以通过科学的战略思维和巧妙的指挥，使敌人失去战斗力，从而争取胜利的深刻道理。这种战略思维和巧妙的指挥，就是"形人而我无形"。从孙武的这些论述不难看出，孙武主张将帅在把战略决策付诸实践的战略指导过程中，要善于谋划通过"形人而我无形"的战略战术运用，达到"致人而不致于人"的目的，完全掌握战略、战役主动权。"形人而我无形"与"致人而不致于人"，互为目的、互为结果又互为手段，构成了战略指导思维活动的最高战略思维境界。

孙武还指出"故善战者，致人而不致于人"^③。李靖评价《孙子兵法》："千章万句，不出乎'致人而不致于人'而已"。^④ 这里表达的意思就是控与被控的问题。孙武强调控战是致胜的要诀，战争指导根本的要求就是控制敌人而不被敌人控制。为达此目标，孙武提出了许多方法，比如：主动、引导、塑造、要害、屈役、攻守、用奇、隐秘等^⑤。孙武关于控战的战略思想，体现了孙武控战战略思维境界观。在孙武看来，只有努力实现"致人而不致于人"，才能有效控制兵形、兵势与兵术，控制了这三条也就控制了实力对比、态势发展和战术运用。

（一）兵形：以镒称铢、胜兵先胜

如何做到先胜呢？孙武提出了"形胜"思想。谋"形胜"是获得"先胜"

---

① 吴九龙：《孙子校释》，军事科学出版社 1991 年版，第 92—93 页。
② 吴九龙：《孙子校释》，军事科学出版社 1991 年版，第 98 页。
③ 吴九龙：《孙子校释》，军事科学出版社 1991 年版，第 84 页。
④《唐太宗李卫公问对·卷中》，中华书局 1991 年版，第 22 页。
⑤ 杨新：《"胜"解〈孙子兵法〉军事思想体系》，《滨洲学院学报》，2013 年第 10 期。

条件的重要保证。

怎样牢牢掌握自己的主动权不丢失？孙武认为必须建立强大的军事实力即"形"。这个"形"与敌人相比，必须具有绝对优势，即所谓"胜兵若以镒称铢，败兵若以铢称镒，称胜者之战民也，若决积水于千仞之溪者，形也"①。具备了强大军事实力，加之战前科学庙算，就具备了"先胜"的必要条件。

因此，寻求"胜"的方法，立足点是谋己之"形"，而不是寄希望于对手没有实力和拱手让出主动权。孙武提出："先为不可胜，以待敌之可胜。"②不可胜是什么？就是敌人不可战胜的实力。对于一般性对抗来说，就是要具备实力，这个实力包括不被打败和打赢对手两个方面。

（二）兵术：避实击虚、奇正配合

孙武在思考如何控战，如何占据主动这个问题时，其思维主题集中在避实击虚和奇正配合两个方面。其中，避实击虚无论从战术还是战略上讲，都是铁律，孙武以《虚实篇》独立阐述，足见其重视程度。可是对奇正配合，孙武的论述今日看来并不容易理解。

《孙子兵法》难读，难在势篇，势篇难读，难在奇正。原因在哪里？

孙武没有交待什么是奇，什么是正，至少没有明确的定义，更没有就如何运用奇正提出切实可行的方法，但他又特别强调奇正的重要性。这就为后人的理解和运用提供了巨大的空间，也带来了严峻的挑战。

似乎存在这样一种可能性，那就是：孙武也没有搞清楚到底什么是奇正，到底应该如何运用奇正。正如马克思主义理论提出了社会主义的概念，但到底什么是社会主义，如何建设社会主义，他并没有讲。孙武之所以这样构思，不是因为孙武不想讲清楚，而是因为战争本身具有极大的不确定性，既没必要讲清奇正，也确实讲不清。这也是人们用艺术形容战争而不

---

① 吴九龙：《孙子校释》，军事科学出版社 1991 年版，第 64 页。
② 吴九龙：《孙子校释》，军事科学出版社 1991 年版，第 53 页。

用科学形容战争的理由。

尽管奇正问题难懂，但还是可以通过孙武仅有的论述，得出粗略的启示。孙武讲，"不可先传也"，大致就是难以把握奇的原因。比如：正面攻击是正，穿插迂回是奇。在作战中，正面攻击是常用的战法，这种战法只适用于与敌对抗，而且这种对抗，往往只是让这种对抗相持下去，双方并不指望在这种对抗中取胜对方。真正战胜对方，往往要在正面攻击之外伴随着穿插或迂回，这就是奇的力量，比如：双方的情报战、心理战等。对于奇正的理解，因为很难，也没有标准答案，也不可能有，这也增添了奇正运用的魅力。

控战的关键是把握主动，孙武在这个思维过程中，认识到主动与被动的态势对于胜负的极端重要性，提出了占据主动的命题，而且列举了占据主动的方法。但孙武还是没能够辩证地认识主动与被动的关系，略显不足，因为在孙武所处的时代，人类认识世界的水平，远远没有达到今日的高度。

（三）兵势：识势造势、择人任势

形成可以战胜对手的实力是战胜对手的基础条件，也只有具备了这个基础条件，才具备战胜对手的可能性。是不是具备了这种可能性，就一定能够战胜对手呢？也不是，还要形成"兵势"。兵势的形成，就在于识势造势、择人任势。

识势造势，于领导者而言，在纷繁复杂的领导情境中，需要具备政治思维，并且逐步积累政治智慧，认真观察、深刻感悟事业现状及走向，才能识大体、顾大局和顺大势。[①] 从空间上看，领导者的"用大看小"。这里的"大"是指组织的外部环境或者组织系统，"小"是相对应的系统或者要素。高层领导者需要多了解中层、基层领导者的心态和想法；同理，基层领

---

① 高原：《择人任势》，《党政论坛》，2006 年第 11 期。

导者也得多了解高层和中层领导者的心态和想法，多了解外部环境，多了解市场。因为市场就是大，企业就是小；企业再大也是小，市场再小也是大。从时间上看，领导者的"用长看短"。"长"就是历史的长河，既包括已发生的过去和正演进的现在，更包括不确定的未来；"短"就是充分展现于领导者面前的较清晰的现在。领导者一定要有一种超前的观点，才能看出趋势。"用长看短"，就是从过去和未来反观现在，而不仅仅是让历史告诉未来，把"以史为鉴"和"以来为据"结合起来。领导者在思考具有战略性的决策时，需要深入洞察时代的发展趋势及其决定的未来需求。

领导者的"造势"是指领导者决策时敢于利用天时、地利与人和等形势，通过"制造变化"改变双方的力量对比，掌握主动，进而形成改变事物发展变化的"破竹之势"，创造情势。"造势"包括宏观上的战略造势和微观上的战术造势两种方法，两者需要联合和互动运用。战略造势，领导者造势时要重点关注全局性的事务，注重从战略层面改变事物发展变化的趋势，形成有利的战略态势。中国全面融入世界，造成改革开放的"面势"。全方位、多层次、宽领域的对外开放"面势"又有效地制约着具体领域的"线势"和局部地方的"点势"。战术造势，是指领导者在具体战争指挥中要灵活机动，通过战术上的灵活用兵创造有利的战场态势。战术造势关键是掌握时机、地点和人员三个关节，任何不得其时、不得其地、不得其人的情况，都将难以形成有利的领导态势。领导者的战术造势主要体现在两个方面：一是以"点势"制约"线势"和"面势"。抓住战争中的重要战役，一举获胜，创造有利战术态势的突破口，一招得手，全盘皆活。二是变"内势"为"外势"，采取诱敌深入的作战方针，跳出包围圈，分割敌人，由"敌包围我"变为"我包围敌"。领导者良好的"造势"艺术是战略造势和战术造势的结合。战略上的以"面势"制约"点势"和"线势"必须与战术上的以"点势"制约"线势"和"面势"相结合，战略上的以"外势"制约"内势"必须与战术上的以"内势"制约"外势"相结合。

择人任势。孙武指出："故善战者，求之于势，不责于人，故能择人而任势。"① 领导者就要善择人、善用人，要用其长抑其短，扬其能而抑其愚，使"天生我才必有用"落到实处。明人吕楠在《泾野子》中说了个故事：某人有五个儿子，一个木呆呆，一个鬼精灵，一个瞎眼，一个背驼，一个腿瘸。于是老父亲就让木呆呆去务农；让精灵鬼去做买卖；让眼瞎的老三去算卦；让驼背老四搓麻绳；让腿瘸的老五纺线织布。这一安排，使五个儿子各得其所，都能安身立命，终身不愁吃穿。故事中的领导者（父为一家之主）知道任势而择人，从几个孩子的特殊性出发，注意扬长避短，甚至巧用此短，把短处变长处，使几个孩子各尽其"才"。古有诗云："骏马能历险，犁田不如牛。坚车能载重，渡河不如舟。舍长以就短，智者难为谋。生才贵适用，慎勿多苛求。"其意就是用人要恰到好处，要用其特长。用人特长，往往会收到事半功倍的效果。今天的领导者要顺应社会发展大势，结合本地、本单位的实际，打破传统观念和旧的框框束缚，树立科学的人才观，以崇高的境界和宽广的眼界，去发现、培养和使用各种人才，真正做到择人任势，择人任时，使天下之士都成为我们事业的臂膀与指掌。

四、胜战境界观：胜可知、胜可为

从本质上看，《孙子兵法》是一部求胜的兵书。当前学术界对《孙子兵法》的认识越来越深入，也越来越清晰地认识到《孙子兵法》的胜战本质。况且，从《孙子兵法》的内容本身来看，孙武不仅提出了许多胜战思想，而且还系统阐述了求胜战的方法和对胜战的追求。这些战略思想背后，充分体现了孙武战略思维的胜战境界观。

（一）见胜：见胜出众、所措必胜

见胜是胜战的基本前提。"凡事豫则立，不豫则废。言前定则不跲，事

① 吴九龙：《孙子校释》，军事科学出版社1991年版，第79页。

前定则不困，行前定则不疚，道前定则不穷。"《礼记》的这个思想与孙武所讲的见胜思想大约产生于同一时代，二者说明了同样的道理：没有预见就没有超常的决策；没有预见，就没有战争的胜利。正所谓见胜出众，所措必胜。

所谓"见胜"，即将帅要能够预见战争胜负所需要的条件和战争胜负的规律。"见胜"是将帅必须具备的重要战略思维能力，没有战略预见，将帅就难以指导战争。孙武认为将帅不但要有战略预见能力，而且这种能力还要非常突出，最好是要超常。即所谓：

> 见胜不过众人之所知，非善之善者也；战胜而天下曰善，非善之善者也，故举秋毫不为多力，见日月不为明目，闻雷霆不为聪耳。①

能预见常人之所见的战争条件所蕴含的胜败之机，能够预见常人所能想到的制胜之策，并不能说明将帅有超常的智慧，也达不到"善之善者"的境界。孙武要求将帅要独具慧眼，具有一般人不具备的战略预见能力，看到战争客观条件中别人看不出来的利害和趋势，制定出常人察觉不出来的"胜于易胜，胜已败之敌"的战略举措与不会带来"智名"和"勇功"的战略决策。孙武认为，将帅的"见胜"能力不但是决策的前提，也是战争胜利的重要保证。

孙武说："其战胜不忒，不忒者，其所措必胜，胜已败者也。"②孙武不但提出了将帅的见胜能力问题，而且还提出一系列的提高见胜能力的方法问题。如"五事七计庙算"方法，度、量、数、称、胜的系统分析方法，相敌三十二法等方法，都是将帅培育和提高见胜战略思维能力的重要方法，而以利害为核心的矛盾分析方法，更是提高见胜战略思维能力的核心

①吴九龙：《孙子校释》，军事科学出版社1991年版，第57—58页。
②吴九龙：《孙子校释》，军事科学出版社1991年版，第59页。

方法。

寻求胜战的方法，要以科学的预见为前提，预见则以"利害"之辩证分析为核心，在利思害，在害思利，从利与害的相生相变关系中科学预见胜负的条件和规律。

（二）争胜：合军聚众、杂于利害

争胜是胜战的基本方法，争胜的关键是杂于利害。孙武说：

> 智者之虑，必杂于利害。杂于利，则务可信也；杂于害，而患可解也。[①]

这段话句式简单，意思明确，孙武胜战战略思维境界在争胜的问题上体现了三种思维原则：

第一，对立统一。这是孙武思考问题的基本思路和方法。孙武提出一系列的对立统一的概念，比如：利害、攻守、虚实、正奇、迂直、利患等。矛盾的概念充斥于《孙子兵法》，但孙武没有停留在概念层面，而是有系列的推理和判断。从逻辑学的角度看，这体现了孙武胜战战略思维的缜密性。尤其是孙武在分析问题时，也常常正说、反说，甚至正反结合说。如："合于利而动，不合于利而止""以迂为直，以患为利""攻则动于九天之上，守则藏于九地之下""通九变之利、不通九变之利"等，展示了孙武强大的逻辑力量。

第二，利害相权。简单点就是趋利避害四个字。如何趋利避害？趋利避害是决策的基本追求。如果某项决策利局部而害全局，那么它再对也对不到哪里去。如果利全局而害局部，那么再错也错不到哪里去。这样的观点参照着认识长远与眼前，道理也一样。高明的决策，一定是利全局和长远，

---

① 吴九龙：《孙子校释》，军事科学出版社 1991 年版，第 137 页。

即便有害于局部或眼前，也要坚持。当然，最好是全利而无害。

第三，兼顾统筹。孙武强调"杂于利害"的"杂"，是统筹兼顾的意思。统筹就要兼顾各方。但凡对一个问题的决策也好，化解一个矛盾也罢，都得照顾到方方面面的情况，局部的、全局的，今天的、明天的，甲方的、乙方的，等等。如果做不到这些，结果要么有瑕疵，要么不成功，总之不全如意。当然，强调兼顾的同时，还要分清主次。主次之分源于对矛盾的思考。矛盾的规律决定了矛盾的主次会随着事物的发展而变化。平均用力，不分主次，容易导致重点不分，顾此失彼，事倍功半。

（三）固胜：安国全军、战胜修功

固胜是胜战的基本保障。孙武提出："故明君慎之，良将警之，此安国全军之道也。"[①]孙武在此提出安国全军的目标，相对于速胜、全胜的目标来说，意蕴又略有不同。速胜也好，全胜也罢，就实质而言，各种"胜"并不是战争的终极目的，战争之"速胜"与"全胜"，目的是为了"安国全军"。因此，孙武强调，国君与将帅还应当通过"固胜"来追求这一终极目的。孙武"固胜"思想，可以视为"全胜"思想的本质，因而也是更为深层次的"胜"的境界。

"安国全军"的问题，虽然孙武在整部兵书中只提了这一句，但在孙武看来，"安国全军"无疑是战争的终极目标。因为战争手段和任何形式上的"胜"，实质上都是为了实现这一终极目的。如何实现"安国全军"呢？孙武在论述了一系列的"胜"之运筹，"胜"之方法和"胜"之境界后，告诫国君与将帅，"夫战胜攻取，而不修其功者，凶命曰费留。故曰，明主虑之，良将修之"[②]，特别强调，国君与将帅要"战胜修功"和"力避费留"。一方面，孙武透过历史，看到了太多的诸侯争霸，虽然赢得了战争胜利，但却得不偿失，要么先胜后败，要么陷入了政治、经济、军事与外交等方面

---

① 吴九龙：《孙子校释》，军事科学出版社 1991 年版，第 232 页。

② 吴九龙：《孙子校释》，军事科学出版社 1991 年版，第 229—230 页。

的完全被动。另一方面，孙武认为，只有战胜后进一步采取措施巩固胜利，才能把胜利成果转化为"安国全军"的实际效益。如果不能避免"费留"，即使赢得了战争，也未必能赢得和平与稳定。

孙武告诫国君与将帅，战争的最高境界是超越战争。"战"只是手段，甚至"全胜"也只是手段而非目的，只是表象而非本质。"固胜"而求"安国全军"才是根本的目的。求"胜"的境界，不仅仅是求"全胜"的表象，更是求"固胜"的效益和"安国全军"的实质。

五、不战境界观：全争天下、不战而胜

谋划全胜是战略思维的最高境界。谋划致人与形人，则是战略指导的最高境界。孙武提出的上述战略思维境界观，不仅明确了领导者战略思维目标选择的战略思维境界问题，也明确了战略指导的战略思维境界问题。全破境界，相差万里，《孙子兵法》提出的"五全五破""不战而胜"论，这是最高的战略思维境界。孙武认为：

> 凡用兵之法，全国为上，破国次之；全军为上，破军次之；全旅为上，破旅次之；全卒为上，破卒次之；全伍为上，破伍次之。①

孙武提出的"五全五破"问题，把谋攻的基本方式，分为恃武强攻和以智谋攻两种。由于这两种方式带来的战争结果迥异，用武力手段打赢战争，会给自己带来极大的损失。以智谋取胜，则可以使敌人完整屈服而自己不受损失。比较这两种谋攻方式后，孙武自然地得出了"全"为上，"破"次之的结论，认为将帅的战略思维谋划有"全"和"破"的境界差异。因此，

① 吴九龙：《孙子校释》，军事科学出版社1991年版，第35—36页。

孙武强调"不战而屈人之兵，善之善者也"。孙武提出的这种战略思维境界，为后世兵家和政治家们广泛推崇。

在孙武看来，"百战百胜，非善之善者也；不战而屈人之兵，善之善者也。"[①] 孙武还认为，"善用兵者，屈人之兵非战也，拔人之城非攻也，毁人之国非久也，必以全争于天下。"[②] 这句话讲清了孙武战略思维不战境界观的基本内涵。从方式方法看是不战而屈人之兵，从目标愿景看是以全争于天下，从手段上看是伐谋伐交，五全五破。

（一）愿景：不战屈人、善之善者

尽管实现"速胜"和"易胜"已实属不易，而孙武对将帅提出全胜，则是更高的要求，全胜的总纲和灵魂则在于"不战而屈人之兵"。

"不战而屈人之兵"，反映了孙武对取胜的基本理解与追求，它贯穿于孙武对取胜的目标确立、阶段区分和实现进程中，影响并决定了孙武取胜之道的目的、偏好、气质、境界与文化精神。《孙子兵法》之所以在世界兵学中独具特色，与孙武所示全胜的理想主义密不可分。可以说，"全胜"是理解孙武取胜之道的一把钥匙，这把钥匙可以打开《孙子兵法》殿堂的大门，进而通观孙武取胜之道的基本面貌。

在孙武看来，"全胜"是谋攻和胜利的最高境界。一般而言，战争的基本方式无非两种，一种是恃武强攻，以力克力，一种是以智谋攻，以智克力。两种方式带来的结果差异很大。恃武强攻打赢战争会带来巨大损失，以智谋攻则能够最大限度地减少损失并能使敌人完整屈服。强调全胜是这两种致胜方式的根本区别，这是东方战略与西方战略的根本区别。认识和理解这一根本区别，也是学习和理解孙武兵法的"敲门砖"，"以智克力"，这也是《孙子兵法》战略思维观的最高境界，站在这个制高点，审视其他境界的战略思维观，则一通百通，一顺百顺。

---

① 吴九龙：《孙子校释》，军事科学出版社 1991 年版，第 37 页。
② 吴九龙：《孙子校释》，军事科学出版社 1991 年版，第 41 页。

（二）目标：安国全军、全争天下

孙武强调：

> 凡用兵之法，全国为上，破国次之，全军为上，破军次之，全旅为上，破旅次之，全卒为上，破卒次之，全伍为上，破伍次之。是故百战百胜，非善之善者也，不战而屈人之兵，善之善者也。[①]

孙武认为百战百胜不是最好的，因为那是"破胜"，只有"不战而屈人之兵"的"全胜"，才是最好的。强调"全胜"这一最高的战争境界后，孙武还进一步提出了"上兵伐谋，其次伐交，其次伐兵，其下攻城"[②]的谋攻战略思维优选原则，以指导将帅追求"全胜"的目标。

第一，"全"与"破"是一对矛盾。"全"是指用最小的代价和最小的伤害，达到使对手臣服的目的，而且在使对手臣服的过程中，又尽量保全对方。"破"是不管伤害有多大，也不管自己需要付出多少代价，只要能让对方臣服，怎么都行。这两种方式的共同点在于目标的一致性，都是致力于使对手臣服。但是，这两种方式所体现的理念完全不同。"全"体现的是以德服人，这种服是管长远的，能够让对手心悦诚服。"破"体现的是以力服人，这种服是暂时的，只能使对手口服但心不服。

英国战略家利德尔·哈特对孙武关于"全"的思想，仅仅理解为间接战略，认为孙武讲的"全"的目标，以及实现"不战而屈人之兵"的方式，仅仅是实现战略目标的一种间接战略。这种理解，虽然没错，但只是理解到制胜这个境界，而没有理解到全胜这个境界，而全胜才是孙武的终极追求。

---

① 吴九龙：《孙子校释》，军事科学出版社1991年版，第35—36页。
② 吴九龙：《孙子校释》，军事科学出版社1991年版，第37页。

第二，"全"是目标追求。在一般人看来，在对抗或作战中能取胜，目标追求就达到了。在市场竞争中，能够胜出，目标追求也就达到了。但孙武把目标追求提高到了一个更高的境界，后人只能艰难跋涉，期望靠近，却难以超越，这个更高境界就是孙武所讲的"全"，即"全军为上""全争于天下"。

第三，"全"是指导原则。原则是观察问题、处理问题的准则。作为一个社会人，对问题的看法和处理，往往会受到立场、观点、方法的影响，这些都不能称之为原则，原则是从自然界和人类历史中抽象出来的。正确反映事物客观规律的原则才是正确的原则。孙武提出"全为上，破次之"的原则，就反映了事物的客观规律，而并没有受立场、观点和方法的影响。无论战争也好，一般性对抗也罢，"全为上，破次之"都是比制胜境界更高的指导原则。

第四，"全"是思维境界。孙武对战争的认识有一个思维过程，这个过程包括重战、知战、控战、胜战这几个阶段，当这几个阶段的目标实现之后，孙武的战略思维并未停滞。而是跳出胜的框框，提出"全"的概念，即完整地将对手接收过来，以增强自己的实力。当然，孙武站得太高了。"全"只是一种理想状态，为人们的努力指明了方向，理想状态终究是理想状态，只能引导人们尽可能地靠近。

（三）手段：伐谋伐交、五全五破

"不战"并不是消极对待战争，而是采用间接路线让对手臣服。在让对手臣服的手段选择上，孙武提出了"伐谋伐交""五全五破"的基本思路。四种让敌臣服的方式中，"伐交""伐兵""攻城"的意思与现在的意思差别不大，对"伐谋"理解则相对复杂。

"谋"包括谋略，也包括战略，因为战略的概念是后来才形成的，而且现在讲战略的含义，也含有谋略的意思。所以说，孙武提出"伐谋"的时候，应该包括战略和谋略两层意思。甚至可以认为，孙武更加重视战略，因为战略从思想到计划，再到实施，本身就包含了谋略的意思。孙武提出这四种臣服对手的方式，前两种都是不战而屈人之兵，是间接战略的运用，是孙武所推崇的；后两种方式是直接对敌作战，是直接战略的运用，孙武并不主张。"伐兵"与"攻城"相比，"攻城"是最坏的选择。因此，孙武论述四种方式之后，专门论述了"攻城"的不利之处，并用"攻之灾"概言之，可见孙武用意之深、用意之精、用意之巧。

孙武把"伐交"放在"伐兵"的前面，这说明，斗争手段选择上，外交斗争要放在军事斗争的前面，外交是优先选项。当然，在现实斗争中，这四种方式不是完全割裂的，而是有相互融通的地方。比如，谋略或战略的形成，一方面要有文化底蕴，另一方面还要有外交的斡旋，更为重要的是要有实力支撑。外交斗争更需要有军事斗争准备作基础，只有军事斗争准备充分了，外交斗争才有底气和硬气。要知道，战场拿不到的东西，谈判桌上也休想得到。

四种实现目标的方式所体现的基本理念是不战而屈人之兵。孙武不主张攻城，甚至都不主张用兵，因为孙武深知用兵之害，孙武认为最优的选择是不战而屈人之兵。当然，也不能死守这个观点，而应该强调因情而定，如果不得已必须攻城，即使"不得已"也得"为之"。

战略思维的不战境界，对于一般性对抗，启示也非常明显。比如，凡事要想出多种方案，在实施的过程中选择最优方案。如果最优方案没有取得成功，还要有一个备用的方案，更要有一个保底的方案。再如，对一个问题的处理，可以多种方案综合运用。每一个方案设计的时候，可能考虑的出发点、侧重点都会有所不同，但是最终的落脚点是相同的。所以在具体实施的过程中，多种方案综合运用，形成合力，力争成功。又如：目标制定之后，恰当地分解任务。不同的任务，可以用不同的方法，具体任务具体分析。总体上用不战而屈人之兵之上策，局部还是可以用中策或下策。

当然，孙武强调不战而屈人之兵，并不是强调和平主义。胜战是解决问题方法的一个选项，但不是最佳选项，不战才是解决问题的最佳选项。

无论是胜战也好，不战也罢，最终都需要解决问题。既然要解决问题，就需要拿出解决问题的手段和方法。这些手段和方法，最终还是要落实到实力上，正如孙武所言，得"先为不可胜"，即形成"不可胜"的实力。

总之，孙武的战略思维境界观包括慎战、知战、控战、胜战和不战五重境界（见图7-1）。只有重视战争，才会慎战。只有重视战争，才会想方设法了解战争，进而实现知战。只有知战，才有可能赢得主动，达到控战的目标。只有能够控战，才能胜战。也只有具备胜战实力，才能争取不战的结果。不战而胜是对抗所追求的终极目标。当然，"不战而胜"是对抗的终极目标，也有其局限性。赢可以独赢，胜只能独胜。以和平、发展、合作、共赢为时代主题的今天，强调的不是胜，而是共赢。时代的主旋律已经由"胜"发展到"共赢"，这也是传承《孙子兵法》战略思维境界观所必须认清的大势。

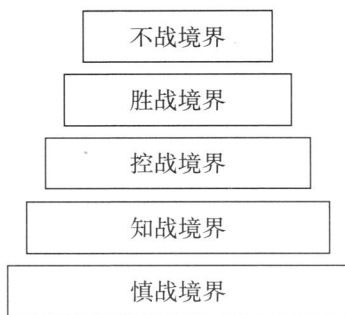

图 7-1　孙子的五重战略思维境界

第八章 《孙子兵法》与领导者战略思维品质

领导者战略思维品质，是领导者战略思维价值取向、战略思维行为表现出来的本质特征，也是决定战略思维层次、制约战略思维方法、影响战略思维能力的重要因素。《孙子兵法》反映出来的战略思维品质特点，对优化领导者战略思维品质具有鲜明的指导意义。

一、价值层面趋利：利合于主、非利不动

《孙子兵法》要求将帅必须考虑"国之大事""利合于主""非利不动"，分别体现将帅战略思维品质中"趋大利、趋公利""利于君、利于民"等特点，也明确提出了需要坚持的决策原则。传承《孙子兵法》战略思维品质遗产，优化领导者战略思维品质，应当关注趋利焦点，把握趋利归宿，坚持趋利决策原则。

（一）关注趋利焦点：国之大事

《孙子兵法》开篇提出"兵者，国之大事也"[1]，孙武主张，将帅的战略思维视野，应当聚焦于"安国全军""唯民是保"，这才是战略思维主体在战略思维过程中必须考虑的大利。优化领导者战略思维品质，在价值层面要关注的焦点就是谋大利、谋公利、谋天下利。

"国之大事，在祀与戎"[2]，即便是今天，安全和发展仍然是任何单位

---

① 吴九龙：《孙子校释》，军事科学出版社 1991 年版，第 180 页。
② 左丘明：《左传》，郭丹译注，中华书局 2014 年版，第 466 页。

和个人需要考虑的首要问题。战争在国家政治生活中占有特别重要的地位，重视战争就是谋大利。孙武把"国之大事"置于篇首，体现了孙武关注大利的战略思维品质，其借鉴和启示意义是显而易见的。

（二）把握趋利归宿：利合于主

孙武强调："利合于主，国之宝也。"[①] 为将者谋求保全百姓，符合君王的根本利益，这才是国家的宝贵财富。领导者战略思维品质中"利合于主"的特质核心表现是：领导者是"人民意志和意愿的表达者，国家和民族利益的守望者，是历史进步的领航者"。[②]

作为领导者，如果上任就私心居上，先考虑私利或小圈子的利益，那么，不仅不能完成党和人民赋予的光荣任务，更谈不上受到广大群众的欢迎和爱戴，更严重的是极有可能陷入腐败的深渊。领导者利归何处？说到底是领导者的"主"是谁的问题。孙武将兵书呈献给吴王，而且在论述中又提到唯民是保，这说明孙武心中的"主"，不仅是吴王，而且还有民众。

今天的领导者更应该具备这种天下观。古人讲，"苟利国家生死以，岂因祸福避趋之"，站在国家和民族的高度思考问题，是领导者必须要认真思量的。党的章程规定，中国共产党的宗旨是全心全意为人民服务，这就表明党和人民的利益是一致的。党的领导者自从宣誓加入党组织那天开始，就应该履行入党誓言："随时准备为党和人民牺牲一切，永不叛党。"[③]

（三）坚持趋利取向：非利不动

孙武指出："非利不动，非得不用，非危不战。"[④] 孙武提出"三非原则"，甚至可以认为这是孙武发出的严厉的警告，警告领导者的决策必须要把握利害原则。

① 吴九龙：《孙子校释》，军事科学出版社1991年版，第180页。
② 陈晋：《读毛泽东札记》，生活·读书·新知三联书店2009年版，第1页。
③《中国共产党章程》，人民出版社2012年版，第13页。
④ 吴九龙：《孙子校释》，军事科学出版社1991年版，第230页。

关于利害的相关论述散见于《孙子兵法》的多个篇目，概括起来有三层意思。

第一，智者必须杂于利害。"杂于利，而务可信也；杂于害，而患可解"。① 考虑有利因素，不仅有利于完成任务，而且还有利于扩大战果。考虑不利因素，则有利于消除祸患。趋利的决策不仅要考虑如何完成任务，而且还要考虑任务在完不成的情况下，如何把损失降到最小。

第二，杂于利害有其理由。"故不尽知用兵之害者，则不能尽知用兵之利也"。② 光知还不行，还要尽知，知道得越多越好。只有尽知利害之后，才能缜密思考作出决策。

第三，是否有利是决定动与不动的基本依据，即"合于利而动，不合于利而止"。③ 这个依据在《孙子兵法》中两次提到，曹操分别作了注解，这又从另一侧面证明曹操是很重视、推崇和认可这个原则的。杂于利害从根本上讲就是趋利避害。

优化领导者战略思维品质，坚持趋利决策原则是重要的内容。而趋利决策，在于不仅要有办法，还要看办法是不是高明、深远和全面。判断是否高明，关键在于办法是利大于害还是害大于利；判断是否深远，关键在于其办法是害眼前而利长远，还是害长远而利眼前；判断是否全面，关键在于其办法是利局部，还是利全局，归根到底是因利而动。古语讲得好："计利当计天下利，求名当求万世名。"这是领导者战略思维过程中必须拿捏准确和适宜的。

二、道德层面取义：进不求名、退不避罪

《孙子兵法》对将帅分别提出了"进不求名、退不避罪"的品性要求，

① 吴九龙：《孙子校释》，军事科学出版社 1991 年版，第 137 页。
② 吴九龙：《孙子校释》，军事科学出版社 1991 年版，第 23 页。
③ 吴九龙：《孙子校释》，军事科学出版社 1991 年版，第 231 页。

"择人任势"的谋略要求和"兵者诡道"的道德约束，这体现了战略思维品质在道德层面取义的特点。领导者传承《孙子兵法》战略思维观遗产，优化战略思维品质，必须做到做人尚德，做事贵智。这不仅要把握战略思维的规律，而且还要具备"进不求名，退不避罪"的品性，体现"多谋善断、择人任势"的谋略要求，遵循"兵者诡道"的道德约束。

在孙武战略思维品质观中，最重要的核心思想是"进不求名""退不避罪"。孙武指出："故进不求名，退不避罪，惟人是保，而利合于主，国之宝也。"[①] 就是说，为将者应战胜攻取不求名与利，退却避让不怕担罪责，一心只求保护民众，维护国君长远的根本利益，这样的将帅才是国家的栋梁。杨新博士和晏嘉徽对孙武之所以强调将帅的战略思维品质，提出了三点认识。[②]

第一，将帅只有具备"进不求名""退不避罪"的品质，才能识"战道"。在孙武看来，将帅的职责不仅仅在于揭示战争本身的规律，更在于制定"安国全军"且"利合于主"的战略决策。孙武的"战道"观，既包含了战争规律本身，也包含了战争指导规律，即孙武所说的"谋攻之法"。而"谋攻之法"，一方面取决于战争胜负涉及的"道""天""地""将""法"等客观因素，另一方面则取决于君和将的认识。孙武认为，把握战争指导规律有五个方面：

> 知可以战与不可以战者胜，识众寡之用者胜，上下同欲者胜，以虞待不虞者胜，将能而君不御者胜。[③]

这五个方面，君主与将帅都可以做到，难以解决的是将帅掌握临机专断指挥权而国君不干预的问题。孙武强调为将者应当有机断指挥权，尤其

---

① 吴九龙：《孙子校释》，军事科学出版社 1991 年版，第 180 页。
② 杨新、晏嘉徽：《论〈孙子兵法〉的军事战略思维观》，《南京政治学院学报》，2007 年第 2 期。
③ 吴九龙：《孙子校释》，军事科学出版社 1991 年版，第 47 页。

要排除君主的"瞎指挥""瞎管理""瞎监督",办法就是"君命有所不受"。然而在孙武那个时代,将帅要做到"君命有所不受",必须具备两个条件:一是君主是否开明且授权;二是将帅是否敢于坚持自己的正确意见。同时将帅是否敢于"君命有所不受",不但取决于是否懂得"知胜有五",更取决于是否具备"进不求名"和"退不避罪"的道德品质与战略思维品质。

第二,将帅只有具备"进不求名""退不避罪"的战略思维品质,才能把握"战机"。在战争运筹与实践中,懂得"战道"是一回事,能否把握"战机"而运用"战道"又是一回事。孙武认为,在作战指挥上将帅应当根据战争规律与具体的情况来把握战机,即所谓:"故战道必胜,主曰无战,必战可也;战道不胜,主曰必战,无战可也"。① 将帅是否敢于坚持"必战"或"无战",也需要具有"进不求名""退不避罪"的道德品质与战略思维品质。

第三,将帅只有具备"进不求名""退不避罪"的战略思维品质,才能顾全"大局"。在孙武看来,将帅能否作出"安国全军"而"利合于主"的战略决策和计划,能否做到考虑计谋方略不追求个人利益,但求"无奇胜,无智名,无勇功"②,能否在作战中克服"愠而致战"等缺点,做到识大体顾大局,都需要将帅具备"进不求名""退不避罪"的战略思维品质。如果不具备这样的战略思维品质,将帅就会难察"虚实",不辨"利害",不知"迂直",不懂"奇正",不可能在战略指导上做到"动而不迷""举而不穷"。

孙武强调将帅"进不求名,退不避罪",既是对将帅道德情操的要求,也是对将帅战略思维品质的要求。如果将帅不具备这样的军事战略思维品质观,不培养自己的博大战略胸怀,就不可能成为"民之司命,国家安危之主"。③ 孙武的战略思维品质观,依然指导着今天的军事战略思维。当代军人应为国家兴盛而谋大略,不应为自己的私利而虑小谋。领导者锤炼战略思维品质,就要做到修炼品性素质、提升谋略素质,遵循道德约束。

---

① 吴九龙:《孙子校释》,军事科学出版社1991年版,第179页。
② 吴九龙:《孙子校释》,军事科学出版社1991年版,第59页。
③ 吴九龙:《孙子校释》,军事科学出版社1991年版,第32页。

（一）修炼品性素质：进退淡然

"儒家尚义，以为作事只须问此行为应当作与不应当作，而不必顾虑个人的利害"。[①] 顾虑个人利害就是不义，顾虑大众利害就是义。孙武在分析了"六地之道"和"六败之道"后，紧接着论述"故进不求名，退不避罪"[②]。在孙武看来，将帅懂得"六地之道"和"六败之道"不难，只要善于观察与思考，就可以把握，难的是战略思维品质中锤炼"进不求名，退不避罪"的品性，所以在行文上作这样的安排。孙武认为，为将者只有不求名利，不怕担责，具备淡泊取义的战略思维品质，才能把握战道，把握战机，否则，难成大器。这种品性要求指出了战略思维主体不能局限于个人之利弊与荣辱，而应该追求国家、民族的最大利益。

领导者的战略思维品质中，取义的品性要求表现在不要明哲保身，而要舍生取义。少数领导者的思想观念中存在极度失衡，认为企业老板或专业技术人员，智商情商并不比自己强，而物质生活方面远远强于自己。这种失衡往往成为滋生腐败的心理因素，当然，归根结底这是因为不具备取义的品性。

（二）提升谋略本领：择人任势

孙武强调的谋略本领，主要表现在谋势、谋奇、谋机。势是制胜的前提，奇是制胜的核心，机是制胜的关键。战略思维过程中如果不能任势，那么奇和机就无从谈起，只有在任势中才能发现奇和机。如果任势而不能把握奇，那也无法制胜。孙武讲，"正者当敌，出奇制胜"，就是这个道理。如果势和奇都具备了，但不具备机，那就是"万事俱备，只欠东风"。

关于谋势，孙武提出了什么是势、如何任势、如何择人任势三个问题。领导者要充分利用形势，不能苛求部属，这是择人而任势。孙武用比喻说

---

① 张岱年：《中国哲学大纲》，生活·读书·新知三联书店 2005 年版，第 359 页。
② 吴九龙：《孙子校释》，军事科学出版社 1991 年版，第 180 页。

明势是一种迅猛而不可阻挡的态势。从物理学原理认识势的概念更加形象，当相互联系着的事物聚集成一个强大的不可阻挡的态势的时候，就形成了强大的势能，这就是势。孙武用滚动的木头和石头来解释如何任势，认为势能是可以转化为动能的，领导者任势就是把势转化为推动工作的动力。

关于谋奇，孙武既提出了运用的一般原则，也强调了奇的变幻无穷，还提出了谋奇的关键。比如"凡战者，以正合，以奇胜"①，当然，这仅是一般原则，实战中，更多的是运用正奇变化。"故善出奇者，无穷如天地，不竭如江河"②，这是强调变化无穷。"故善攻者，敌不知其所守；善守者，敌不知其所攻"③，只有这样能懂得在变化中谋奇的将帅，才能取得胜利，这是讲谋奇是取胜的关键。

关于谋机，主要包括不战而胜的胜机思想、立足不败的待机思想、变中求胜的创机思想和兵贵胜速的夺机思想。④谋机就是要把握这四个方面的内容。

优化领导者战略思维品质以义为统揽，必须着力提高取义的谋略素质。把握势、机、奇之间的关系，善于造势、善于握机、出奇制胜。简言之，对领导者来说，谋势造势就是要发动群众，积累势能，营造必胜之势。握机用机就是要把握先机，没有时机，也要等待时机或创造时机。出奇制胜就要强化基本功，用创新的方法解决难题。

（三）遵循道德约束：兵者诡道

孙武列举了十二个诡道，核心意思是用虚假、多变的方式，造成变化莫测的情势，达成攻其不备，出其不意的效果。

① 吴九龙：《孙子校释》，军事科学出版社 1991 年版，第 71 页。
② 吴九龙：《孙子校释》，军事科学出版社 1991 年版，第 72 页。
③ 吴九龙：《孙子校释》，军事科学出版社 1991 年版，第 88 页。
④ 陈壬达：《浅析孙子兵法中的战机思想》，《武警工程大学学报》，2012 年第 2 期。

兵者，诡道也。故能而示之不能，用而示之不用，近而示之远，远而示之近。利而诱之，乱而取之，实而备之，强而避之，怒而挠之，卑而骄之，佚而劳之，亲而离之，攻其无备，出其不意。此兵家之胜，不可先传也。①

从诡道使用的原则来看，孙武的整体要求是合利而动，孙武关心的是民众利、国家利、天下利，一切用于求私利的诡，都不能称之为诡道。从诡道的手段选择来看，孙武强调"不战而屈人之兵"，不是以力服人，而是以德服人，只有在迫不得已的情况下，才会使出攻城下策，其手段也是受德制约的。从诡道使用主体的修养来看，孙武提出"进不求名""退不避罪"的品质，如果实施主体没有这方面的品质修养，就不可能把握战机，也不可能顾全大局，因而也不是真正的诡道。

西方战略经典理论认为："如果双关谐语是在思想上和概念上的变戏法，那么诡诈就是行动上的变戏法。"②此书从头至尾没有关于道德的论述，优化领导者战略思维品质，万万不能以此为依据，弱化道德二字。落马的"老虎""苍蝇"，基本上是道德沦丧之流，强化道德情操，加强党性修养和道德约束是领导者必须要遵循和强化的。

三、认知层面重知：先知出于众、尽知用兵利

《孙子兵法》不仅论述了何谓知，知什么，如何知，而且对知还提出了尽知和先知的要求。领导者传承《孙子兵法》战略思维遗产，优化领导者战略思维品质，必须把知作为战略思维的重要任务，遵循知的基本规律，运用知的基本方法，明确知的基本渠道，把握知的基本要求。

---

① 吴九龙：《孙子校释》，军事科学出版社1991年版，第12—15页。
② ［德］克劳塞维茨：《战争论》，解放军出版社2005年版，第205页。

（一）遵循知的规律：可知不为

知是战略思维的重要任务，知也是有规律的。孙武不仅提出"知"的命题，而且对"知"有独特的认识。比如"胜可知，而不可为"①，胜利可以预知，但不能强求。知的结果决定胜与败，最好的结果是百战百胜，最坏的结果是百战百殆。知什么？孙武认为，知要害、知关键，方能预知胜负。对于知的要求，孙武认为，要尽知、先知。只有尽知和先知，才能有利于把握战机，决策才能更加符合客观实际。

孙武强调的重知与今天领导者强调的重视调查研究是同样的道理，其基本规律适用于领导者战略思维过程。领导者重知，在实践中要善于战略思考，全面把握主客观形势，尤其要从整体和宏观上把握"道""天""地""将""法"，要调查研究，深入掌握具体实际，尤其要了解真实情况，要重视信息，动态把握社情民意。信息工作是动态的，随机应变，经常性的，尤其要收集变化的信息，潜在的信息，隐藏在表面之下的信息。

（二）运用知的方法："五事七计"

孙武对"五事七计"的表述，展示了三种基本思维方法，告诉我们系统思维的三种方式。

第一，要素思维。即，要知就要知"道""天""地""将""法"五要素。对领导者来说，道，就是看能否促进社会发展、单位发展和人的全面发展。领导者能否站在事业发展或单位发展的高度，要站在更高的层面来思考问题，而不是站在某个人、某些人、某类人的利益角度思考问题，这样才能服众，否则，即视为无道。天、地，是客观条件，领导者必须清醒地认识到，并不是想做什么就能做什么，做什么就能成什么的，而是受到一定客观条件的制约。将者，智信仁勇严，这主要是领导者能力和素质的修养。法

---

① 吴九龙：《孙子校释》，军事科学出版社1991年版，第55页。

是军队的条令、规章制度、组织机构，对领导者来说，就是责权划分、官吏职位的管理。总的看来，知就是知这五个方面。

第二，比较思维。知道这些要素的情况之后，还要善于进行对比，具体可以对比七个方面的事项。这七个方面是五事的展开，其内容均可归于五事范围之内。实际上，领导者在战略思维过程中，还要能根据实际情况适当删减或适当增加，这就要因情况而定。

第三，庙算思维。就是对所有的情况作一个框算，有一个总体评估。孙武提出庙算的概念，用今天的话语讲，就是框算，把前面的要素分析和对比分析后，作一个整体的估算，最后得出合理的结论。

（三）明确知的途径：不相于事

孙武说，"先知也。先知者，不可取于鬼神，不可象于事，不可验于度"[1]。孙武强调先知和知的渠道选择。孙武否定鬼神之说，具有朴素的唯物主义思想，但是，能否由此就认为孙武是唯物主义者呢？李零的观点比较中肯，他认为，

> 过去研究哲学史和思想史的，大家喜欢说，孙子是伟大的唯物主义者，肯定不讲迷信。这不是实际。那样讲，就超出了古代的思想环境，也违背中国的军事传统，我们只能说，孙子比较务实，迷信的东西不太多而已。[2]

不过，在后来的军事实践中，依靠鬼神预测胜负仍不鲜见，这就反证了孙武的难能可贵。

如何"取于人"？孙武提供了动敌知敌和情报知敌两种方法。孙武说："故策之而知得失之计，作之而知动静之理，形之而知死生之地，角之而知

---

① 吴九龙：《孙子校释》，军事科学出版社 1991 年版，第 237—238 页。
② 李零：《兵以诈立——我读〈孙武〉》，中华书局 2006 年版，第 62 页。

有馀不足之处。"①　策之，就是要仔细筹算，以了解判断敌方作战计划之优劣。作之，挑动敌人来了解其活动规律。形之，指以佯动示形，以了解敌方的情势。角之，通过对敌作试探性较量，来掌握敌人虚实强弱情况。知己知彼不仅只是静态分析，还要动态了解对方。领导者在化解矛盾、处理复杂问题的时候，策之、作之、形之、角之四个方法都是可以运用的方法。此外，孙武更加重视情报知敌，不仅在《用间篇》中整篇阐述，而且"把情报纳入战略思想体系，孙武可能是战略思想史中的第一人"②。情报知敌是"取于人"的基本方法。

孙武强调不臆测、不武断、不迷信，这与强调领导者重视调查研究是一个道理。"一切结论产生于调查情况的末尾，而不是在它的先头。"③领导者战略思维"重知"的基本渠道就是调查研究，调查就是深入一线，深入底层，了解情况、掌握信息。研究就是归纳总结和分析梳理，找出特点和规律，在调查研究的基础上找出解决问题的对策。领导者重视信息工作就是重知的表现。信息的来源渠道也比较丰富，有各级信息员报送，有下基层调研，有上级情况通报等，这些都为领导者实现知的目的，进而为领导者的决策打下了坚实的基础。

（四）把握知的要求：尽知先知

孙武认为："先知迂直之道者胜：此军争之法也"④"故明主贤将，所以动而胜人，成功出于众者：先知也"。⑤尤其是在《用间篇》中，孙武三次提到"先知"，可见先知在孙武的情报体系中是多么的重要。领导者战略思维品质中强调先知，要求不仅先于敌人，而且要先于时代。先于敌人在于造成有利的态势，或者是先于敌人占据有利的态势。先于时代，则在于

---

① 吴九龙：《孙子校释》，军事科学出版社 1991 年版，第 98 页。
② 钮先钟：《孙子三论：从古兵法到新战略》，广西师范大学出版社 2003 年版，第 106 页。
③ 毛泽东：《毛泽东选集》（第一卷），人民出版社 1991 年版，第 110 页。
④ 吴九龙：《孙子校释》，军事科学出版社 1991 年版，第 119 页。
⑤ 吴九龙：《孙子校释》，军事科学出版社 1991 年版，第 237 页。

先知先觉，前瞻时代的发展。

关于尽知，孙武认为"故不尽知用兵之害，则不能得用兵之利矣"，实际上，孙武在讲这句话之前还有两句非常重要的话，即"故兵闻拙速，未睹巧之久也，夫兵久而国利者，未之有也"①。联系上下文理解会更加深入和全面，战争最好不打，实在是要打，也得速战速决。"过去 500 年的国际竞争史表明，只有军事'安全'绝然不够的"。②战争不能从根本上解决矛盾和冲突。孙武所讲的尽知，就是要求为将者一定要把战争之害预计到最坏的可能。我们常讲凡事做最坏的打算，作最好的准备，就是这个道理。

大数据时代影响人们的战略思维，也为"先知""尽知"提供了技术条件。计算机实现了数据的数字化，互联网实现了数据的网络化，两者结合才赋予了大数据生命力。大数据时代的思维不满足于随机样本，而需要全体数据，大数据探究的不是事物之间的因果关系，而是相互关联。这些变化越来越使人们认识到，时代的变革是正在以迅雷不及掩耳之势地发生。从另一个角度来说，大数据给人们提供了"先知""尽知"的条件，领导者可以利用互联网和计算机，实现"先知"和"尽知"的目标。

四、实践层面求实：必以全争于天下

务实是战略的一个基本价值取向。③孙武提出"必以全争于天下""致人而不致于人""君命有所不受"等观点，对将帅战略思维品质的要求在实践层面体现出务实的特点。领导者传承《孙子兵法》战略思维品质的遗产，优化领导者战略思维品质，在实践层面，可以且应该追求唯实境界、遵循求实要求、砥砺务实品性。

---

① 吴九龙：《孙子校释》，军事科学出版社 1991 年版，第 23 页。

② ［美］保罗·肯尼迪：《大国的兴衰——1500—2000 年的经济变迁与军事冲突》，陈景彪等译，国际文化出版公司 2006 年版，第 525—526 页。

③ 钮先钟：《战略研究》，广西师范大学出版社 2003 年版，第 110 页。

（一）追求唯实境界：必以全争于天下

孙武指出："必以全争于天下。"[1] 这句话翻译成现代汉语，大意为必须采取总体战略以争于天下。总体战略的意义相当于西方战略语境中的大战略，虽然表述不同，但意义并无差异。"全"的概念涵盖总体战略和大战略，体现了战略思维唯实的境界。

孙武指出："凡用兵之法，全国为上，破国次之；全军为上，破军次之；全旅为上，破旅次之；全卒为上，破卒次之；全伍为上，破伍次之。"[2] 孙武追求的理想状态是既能击败对方，又能尽量减少伤亡和损毁。而且孙武强调，从战略层面到战术层面都要贯彻这一思想。甚至有人认为，《孙子兵法》的核心在"全"，"全"的概念把孙武战略思维品质的唯实境界已表现得淋漓尽致。从狭义上理解"全"，其意义与"破"相对。从广义上理解则"全"是一个抽象的概念。钮先钟先生将其分为三种可分又不可分的意义，即：总体、综合和宏观的意思。[3] 在战略思维领域，求"全"的途径就是这三种趋势或方向。孙武的战略思维品质中内含着这样的取向，值得领导者思考和借鉴。

各级领导者所思考的问题虽然大小和层级有所不同，但战略思维品质中求全的因素不可缺少。全也是唯实的最高境界。孙武从战略层面到战术层面都提出求全的要求，各级领导者的战略思维对象，根本逃不离战略和战术的各个层面，因此，求全也应该成为优化领导者战略思维品质的题中应有之义。这里所讲的全，与通常所讲的大局意识或大局观念不谋而合。领导者并非全才，但必须要能够统揽全局。判断领导者战略思维品质是否达到唯实的境界，就是要看其在战略思维的过程中，是谋全局还是谋局部，谋长远还是谋眼前，谋国家利益还是谋个人私利，谋全胜还是谋破胜等。

---

① 吴九龙：《孙子校释》，军事科学出版社 1991 年版，第 9 页。
② 吴九龙：《孙子校释》，军事科学出版社 1991 年版，第 35—36 页。
③ 钮先钟：《孙子三论：从古兵法到新战略》，广西师范大学出版社 2003 年版，第 95 页。

（二）遵循求实要求：致人而不致于人

孙武指出，"致人而不致于人"[①]。这里的致人是指调动敌人，致于人是指被敌人调动。按今天的话讲就是力争主动，力避被动。主动和被动的决定因素，除力量对比之外，还包括心理的较量。想要比敌人高明，高明之处就在于出人意料。领导者化解矛盾的过程中，其实也是在主动与被动之间纠结。无论什么问题，主动权在手，一切都好解决，一旦丧失主动权，很多问题都会付出较大的代价，甚至一败涂地。

"战略学的研究以思想为起点，以行动为终点"[②]。从这个起点到终点必须有强烈的主动意识。否则，思想与行动就是两张皮，正如有些领导者的想法很多，但主动意识不强，难以落实到位。起点到终点之间的连接纽带是战略思维。由此得出的结论就是战略思维品质也必须有强烈的主动求实意识。

在历史上较早的时期，战略思想、战略计划、战略行动往往集中于一人，由一人负总责，恺撒、亚历山大和拿破仑等战略大师就是如此，中国历史上的战略大师也是如此。但是，今天的社会发生了深刻的变化，这三者在较高的层面上可以分离，有人专门从事战略谋划，有人专门从事战略计划，有人专门从事战略行动。这样的发展方向，对战略研究来说是好事，也是发展的必然。对层级较低一级的领导者，可能往往是集战略思想、战略计划和战略行动于一身。在这个层面上，要想细分，恐怕较难。

（三）砥砺务实品性：君命有所不受

尽管"君命有所不受"这句话常常应用于生活当中，但人们对孙武的本意理解却稍有差别。曹操认为："苟便于事，不拘于君命。"还有人认为："决必胜之机，不可推于君命，苟利社稷，专之可也。"综合理解，决胜机会到

---

① 吴九龙：《孙子校释》，军事科学出版社 1991 年版，第 84 页。
② 钮先钟：《战略研究》，广西师范大学出版社 2003 年版，第 96 页。

来时不能受制于君主的命令，只要利于社稷，便可为之。用今天的话讲，就是要担当务实。也正因为有担当务实的品性，所以才有君命有所不受的底气。

在实干中砥砺务实品性，是事业发展的需要，是深化改革的需要，也是群众的期盼。各级领导者唯有务实地直面矛盾和问题，接受挑战、迎难而上，才能作出无愧于时代、无愧于人民、无愧于历史的业绩。在担当中砥砺务实品性。工作中遇到的问题，有些是长期以来难以解决的难题，有些是历史遗留问题，有些或是急难险重的问题，这样，担当的勇气和从容的静气就显得尤其重要。即便出现失误，也要有胸怀坦荡、承担责任的气度，认真总结和汲取经验教训，在服务群众中砥砺务实品性。孙武对将帅的战略思维品质强调"唯民是保"，对领导者战略思维品质的优化来讲，"唯民是保"就是要求在思想上尊重群众，感情上贴近群众，工作上为了群众，作风上深入群众，这样才能得到群众的真心拥护。

依靠人脉取胜的人，让人口服；依靠能力取胜的人，让人佩服；依靠思想取胜的人，让人心服；依靠品质取胜的人，让人臣服。整体上把握《孙子兵法》，不难发现，孙武的战略思维品质就足以让人臣服。它关注趋利焦点，把握趋利归宿，坚持趋利决策原则，从价值层面体现了趋利的品质。它具备"进不求名，退不避罪"的品性，遵循"多谋善断""择人任势"的谋略要求，体认"兵者诡道"的道德约束，在道德层面体现了取义的品质。它遵循知的基本规律，运用知的基本方法，明确知的基本渠道，把握知的基本要求，在认知层面体现了重知的品质。它追求唯实境界、遵循求实要求、砥砺务实品性，在实践层面体现了求实的品质。

结　语

　　因为《孙子兵法》是一座用之不尽、取之不竭的宝库，所以对《孙子兵法》的学习与研究是一个永恒的话题。书名"有的放矢"之"矢"为《孙子兵法》战略思维观遗产，"有的放矢"之"的"为领导者战略思维缺乏的现象。如何"有的放矢"呢？本书从领导者战略思维原则、目标、方法、能力、境界和品质六个方面构建了领导者战略思维的理论体系，探索增强领导者战略思维能力的途径。

　　笔者对《孙子兵法》的研究持续了近二十年，这既是一个对《孙子兵法》深入学习和研究的过程，也是一个将《孙子兵法》的学习与研究同实践问题相结合的过程。研究过程中，笔者在导师杨新博士的指导下，陆陆续续在杂志上发表了多篇研究成果。内容涉及《孙子兵法》战略思维观遗产，领导者战略思维原则、目标、品质和境界等问题。这些文章的发表，也极大地激发了笔者持续研究《孙子兵法》的热情，于是萌发了进一步研究，并将研究成果集结成书的想法。因为部分章节是在已发表论文基础上进一步思考而成，所以在体例方面略微有些差异。延续相对独立的学术文章体例，也是为了便于读者选择性阅读。

　　若要深入研究这个问题，还可以从以下几个方面着手：（1）可以试着从不同领域对领导者进行分类，分析不同类型的领导者战略思维缺乏的表现；（2）针对不同类型的领导者战略思维缺乏的问题，探索增强战略思维的方法和途径；（3）现有领导者战略思维理论体系的架构，只是一家之言，而且在内容完善和论述深度上还有较大的提升空间。

　　思考永无极限，研究永无止境。

　　在此仅作抛砖引玉，供专家批评指正。

后 记

我对领导者战略思维的思考和研究，源于对战略思维的学习和思考，而对战略思维的学习和思考，又源于对战略的兴趣与爱好，对战略的兴趣与爱好，既是受湖湘文化中"心忧天下，敢为人先"文化特质的熏陶，也受十六年军旅生涯的影响。

我曾任军队院校理论教员，之后在南京陆军指挥学院攻读硕士研究生，师从王伟博士和杨新博士两位导师。导师在战略学习方面对我的引导、鼓励和鞭策，使我对战略问题的学习与思考坚守至今。

《孙子兵法》强调顺势而为，我转业后的职业选择，也深受《孙子兵法》的影响。转业时选择党校，就是基于对"五事""七计"研判后的决定。人生最大的势是什么？那就是工作的环境、领域和性质发生的根本性变化。顺势而为，就是自己思考与学习的领域、方向和重点也要随之而变。如何顺势而为？我的体会是：一要着眼工作实际，结合工作实际；二要着眼如何干好工作，在工作中学习与思考；三要努力找到原有知识积累与当前工作的结合点。基于对《孙子兵法》的学习和积累，结合党校工作实践中发现领导者战略思维缺乏的问题，我提出以《孙子兵法》战略思维观为"矢"，攻领导者战略思维缺乏之"的"的构想，美其名曰"有的放矢"。

感谢恩师杨运忠先生。他在连队当战士时，彻夜挑灯通读马恩全集的精神，时常激励着我。他讲授国际关系专题中的某个细节时，常常运用七八个方法分析七八个认识观点，这种非常人所能及的分析能力，给我留下了至深印象。我曾问老师何以至此？老师回答："掌握方法，深入思考。"

老师教导的情形，时常浮现于眼前，虽有仿效之冲动，终不能望其项背。

感谢导师王伟博士和杨新博士，他们是我做学问的引路人。王伟博士治学严谨、思维缜密、精力充沛，我欲为学人，当以此为楷模。杨新博士博学多才，不苟言笑，气质大方，此战略智慧熏陶之结果，老师对战略研究的钟爱情愫，学生目濡耳染，影响至深。

感谢父母。父亲是二十世纪六十年代毕业的师范生，其文言文功底，仍为我师。母亲是普通农妇，勤劳质朴，与人为善，不与人争。父母是第一任老师，也是终身之师。

感谢一位能视为"神交"的李际均先生，虽未谋面聆听老先生指教，但精读其书，神交其人，是我今生之大幸。老先生有段话我永远记在心里，他说：

> 一个人保持心灵的纯真要靠近理想，那是自己精神世界的一块净土和永不熄灭的光明。经过生活的磨砺，最终会获得认识必然之后的自由，会感受摆脱私欲之后的无所求、也无所惧的轻松，会有"不以盛衰易节"的坚定和不唯书、不唯上、不浮躁、不媚俗的超越自我的思想境界。这就是先驱者们用思想和行动留给我们的遗训。

感谢中国言实出版社编辑对本书出版做了大量细致入微的工作，感谢中共长沙市委党校谭仪女士对我研究工作的支持和鼓励。

研究思考《孙子兵法》与领导者战略思维，虽有些积累，但真正将所思所想变成白纸黑字，公之于众之时，又难免诚惶诚恐。诚惶，是因为研究思考不够，贸然成书，多少有点不自信。诚恐，是因为此乃一孔之见，恐贻笑大方。

　　然而，撰写此书之时，脑子里时常盘旋一个想法，即：对战略问题的思考，追求的是大气、超脱。我为什么不大气一点，超脱一点呢。于是，下决心将此书合抱捧出，如有不足与错误之处，真诚期待广大读者与专家批评指正。

金庭碧于青园

2020 年 4 月